高校社会

「歴史総合」の授業を創る

原田 智仁 編著

明治図書

まえがき

　中学や高校・大学の社会系教師の間で，地理歴史科の新設科目「歴史総合」への関心が高まっている。その多くは「様子見」といったところであろうが，実際に担当することになる教師の多くは期待と不安の入り混じった複雑な心境でいるにちがいない。日本史・世界（外国）史という枠を取っ払った近現代史の必履修科目は，学制発布以来一度もなかったことを考えれば，不安の大きさは十分に想像できよう。だが，不安と同等か，それを上回る期待もあるのではなかろうか。なぜなら，学習指導要領では内容の大枠は示されているものの，追究のための問いの設定や資料の選択は従来以上に各学校に委ねられているからである。それだけ教師のカリキュラム・マネジメント能力が問われてくるわけであるが，やりがいもまたあるのである。

　しかし，何事であれ，期待通りにことが運ぶとは限らない。そうすると，期待が大きかった分，失望は増幅されて返ってくる。その時，人間の弱い心に悪魔がささやく。「所詮，総合など無理なんだから，大学受験科目に合わせて日本近現代史と世界近現代史に分けて教えればいいんだよ」と。そして，歴史教育はいつか来た道を歩み出す。その先は，多分「破滅」以外にない。日本は，自由で開かれた社会のはずである。折角，個々の学校，教師に委ねられたカリキュラム・マネジメントの権限を，自ら放棄する手はない。とはいえ，孤軍奮闘にも限界がある。やはり，志を共有する者同士で学び合い，鍛え合って，実践に備える必要があろう。そうした教師たちの一つの，しかし強力な武器たることを目指して本書は編集されている。是非，手にとって，歴史総合の理論武装や，授業づくりの武器たり得るか，試していただきたい。編者としては，それに耐えうる陣容で臨んだつもりである。

　本書が「歴史総合」の理念の実現に寄与することを願ってやまない。

原田　智仁

目　次

まえがき …… 3

第1章　世界と日本を融合する歴史授業デザイン

1　世界と日本の歴史を融合する視点と方法
　――第1章の読解のための総説　…… 8

2　学びの意味の視点からの歴史授業デザイン
　――「私たち」に歴史を取り戻す：歴史学習のコペルニクス的転回
　　　　　　　　　　　　　　　　　　　　…… 14

3　コモン・グッドの視点からの歴史授業デザイン
　――「教室外の価値（Value beyond schools）」を問う
　　　　　　　　　　　　　　　　　　　…… 20

4　持続可能な社会の視点からの歴史授業デザイン
　――現代の課題から歴史の授業へ　…… 26

5　「見方・考え方」の視点からの歴史授業デザイン
　――歴史総合が目指す授業の条件　…… 32

6　「主体的・対話的で深い学び」の視点からの歴史授業デザイン
　――探究の明確化と可視化を目指して　……38

第2章 世界と日本を融合する「歴史総合」授業モデル

1 「歴史総合」指導計画作成の視点と方法
──第2章の読解のための総説 …… 46

2 「歴史の扉」の教材と授業モデル

① 歴史と私たち
──現在と過去につながりを見出す学習 …… 52

② 歴史の特質と資料
──「歴史」を描く活動を始める前の準備運動 …… 58

3 「近代化と私たち」の教材と授業モデル

① 近代化への問い
──問いの探究学習 …… 64

② 結びつく世界と日本の開国
──18・19世紀の世界を郷土資料から解き明かす …… 72

③ 国民国家と明治維新
──国民をつくる／国民になるとはどういうことか …… 82

④ 近代化と現代的な諸課題
──何気ない日常の行為から歴史を考える …… 92

5

4 「国際秩序の変化や大衆化と私たち」の教材と授業モデル

- **1** 国際秩序の変化や大衆化への問い
  ——資料を読み取り，時代の変化に気づく …… 98
- **2** 第一次世界大戦と大衆社会
  ——総力戦が変えた社会 …… 106
- **3** 経済危機と第二次世界大戦
  ——開戦，憲法，当時の国民の意思は？ …… 116
- **4** 国際秩序の変化や大衆化と現代的な諸課題
  ——歴史から学び，現代的な課題を展望する …… 126

5 「グローバル化と私たち」の教材と授業モデル

- **1** グローバル化への問い
  ——世界経済の劇的な変化を「問い」にする …… 132
- **2** 冷戦と世界経済
  ——史資料を批判的に読む練習 …… 140
- **3** 世界秩序の変容と日本
  ——「逆向き設計」論による授業デザイン …… 150
- **4** 現代的な諸課題の形成と展望
  ——学習の全体計画と教師の支援が重要 …… 160

あとがき …… 166

第1章

世界と日本を融合する歴史授業デザイン

1 世界と日本の歴史を融合する視点と方法
―― 第1章の読解のための総説

❶ 歴史教育の果たしえぬ課題

　今，なぜ世界と日本の歴史の融合を問うのか。
　その背景には，今回の学習指導要領改訂により，高等学校地理歴史科の必履修科目として「歴史総合」が新設されたことがあるのはいうまでもない。世界史と日本史の関連付けは，1989（平成元）年の学習指導要領改訂で科目「世界史Ａ」ないし「世界史Ｂ」が地理歴史科の必履修に指定され，「日本史Ａ」ないし「日本史Ｂ」が選択履修科目になって以来，今日にいたるまで一貫した課題であり続けている。その解決の見通しもつかない中での今回の「歴史総合」の誕生であった。あるいは，世界史と日本史の関連付けが予想外に難しいがゆえの帰結であったとみるべきかもしれない。
　中学校社会科の歴史的分野では，1958（昭和33）年改訂の学習指導要領において「世界史的視野に立つ日本史」が，その後1969（昭和44）年の改訂以降は「世界史を背景にした日本史」が目標に掲げられてきたが，実質的には日本史の流れの中にそれと関連する世界史の内容を適宜はさみ込むやり方をとってきた。これについては，当初より「サンドウィッチ」方式との批判を浴びながらも[1]，それに代わる方法を見出せないまま現在にいたっている。世界史は，教師にとっても生徒にとっても厄介な存在なのである。
　つまり，地理歴史科にせよ歴史的分野にせよ，世界史と日本史をそれぞれ固有の系統性を持つ独立した存在と捉えた上での関連付けには，理念的にはともかく実質的には相当の困難が伴うことが明らかになったのであり，その点で「歴史総合」が関連付けに代えて近現代の世界史と日本史の融合を打ち出したのは，一歩前進と評価すべきであろう。

❷ 世界史と日本史を融合する意義

　そもそも世界史とは，また日本史とは何だろう。大方のイメージする世界史や日本史は，いずれも近代の所産に他ならない。前近代の社会において，世界とは決してグローバルな世界を意味するものではなく，当該社会の人々の知り得た時空間をさす概念であった。あるいはキリスト教やイスラーム教などの一神教的な意味では，神の支配のおよぶ範囲をさしたといった方が適切かもしれない。同様に，国民国家の誕生以前の社会にあっては，日本史やフランス史などの国（国民）史の概念も存在しなかった。

　つまり，事実（実体）としての世界史や日本史がどこかに厳然としてあるわけではなく，人間の行為や思索の歩みの中から，一定の価値（思想）や集団に着目して時間と空間を切り取り，自らが納得しうる形で物語ったものが世界史であり，日本史であるに過ぎない。それゆえ，枠組みの取り方により，また語りの方法や精度により，多様な歴史が生まれることになるのだが，近代以降の国民国家形成とともに，どこの国でも学校教育を通じて国民形成を促すために自国史（国民の物語）を創造し，教授することになった。日本の場合，明治以降の領土的枠組みを古代史や中・近世史にあてはめて，国史を創造したわけである。他方，世界史についてはどうだろうか。

　日本の中等学校段階の歴史教育は，明治後期（1894年）より日本史・西洋史・東洋史の三区分の下で行われてきた[2]。日本の歴史は「国史（日本史）」で扱われ，東洋史の内容は支那史（現在の中国史）を中心に構成されることになった。第二次大戦後の1949年に成立した高等学校社会科の科目「世界史」は，明治以来の「西洋史」と「東洋史」を統合した科目であったため，基本的に日本を除く世界の歴史が対象とされた。すなわち，日本の歴史は「日本史」で，日本以外の世界（主に欧米と中国）の歴史は「世界史」で，という不文律めいた棲み分けがここにできあがったのである。

　日本の歴史を欠いた「世界史」や，近代国家の枠組みを過去にまで投影した「日本史」に実体はないとしても，それが明治後期以来120年余，国民の

第1章　世界と日本を融合する歴史授業デザイン　9

大半が高等学校に進学するようになった高度成長期末期から数えても半世紀続いてきた結果，国民の多くが逆に現行の世界史や日本史の方を実体視し，それ以外の歴史の可能性に目を閉ざしがちになってしまった。したがって，「世界史と日本史の関連付け」や「世界史を背景にした日本史」の失敗を繰り返さないためには，世界史と日本史の融合が不可欠なのである。

❸ 世界史と日本史の融合の方向性

　新設科目「歴史総合」の授業はどうデザインすればよいのか。おそらく，それが地理歴史科の担当教員の最大の問題関心であるに違いない。しかし，新教育課程では生徒の資質・能力の育成が何よりも重視されており，生徒の個性や能力，地域の実態や特性に応じて，社会に開かれたカリキュラムを開発・実践し，評価・改善すること（カリキュラム・マネジメント）が学校や教師に求められている。つまり，教師自身の判断力や柔軟な構想力が問われているのである。それゆえ，安易にハウツー的マニュアルに頼るのではなく，まずは自らの歴史教育に関する固定観念や社会的通念を疑ってかかることが必要であろう。なぜなら，例えば歴史は古代史から順を追って通史的に教えるべきだといった考えに固執していては，(1)近現代史を対象とし，(2)世界と日本を相互的視野から捉える，(3)現代的諸課題の形成に関わる近現代史としての「歴史総合」を教えることはできないからである。

　そこで，第2章の具体的な授業モデルの提案に先立ち，第1章では新教育課程の趣旨を踏まえ，世界史と日本史を融合するための視点と方法について五つの主題から論じてゆく。一つは学習の主体である生徒の学びの視点からの融合であり，二つ目は学習の目的としての市民形成の視点——民主主義社会がめざすコモン・グッドや持続可能性の視点——からの融合，そして三つ目は学習方法の視点——歴史的な見方・考え方の活用や主体的・対話的で深い学びの視点——からの融合である。詳細は各論考に委ねるが，ここではそれらの解題を兼ねて「歴史総合」の方向性を示したい。ポイントは，いずれも内容（歴史）を視点にした融合ではないことである。内容を視点にすると，

10

既存の世界史と日本史をどう接合し折り合いを付けるかという点に目を奪われがちで，教育の論理——学習の主体（誰が）・目標（何のために）・方法（どう学ぶのか）——が見失われるからである。「歴史総合」の成否は，ひとえに教育の論理を生かせるかどうかにかかっているといってよい。

(1) 学びの意味の視点

「歴史総合」の内容を一瞥してすぐに気づくのは，「歴史と私たち」「近代化（国際秩序の変化や大衆化，グローバル化）と私たち」といった従前にない項目名が並んでいることである。「私たち」が学習者である生徒をさすのはいうまでもない。つまり，生徒にとって歴史とは何か，近代化とは何か，納得しうる形で単元を構成しようというわけである。学習レリバンス（学習内容と生徒の意識や社会との関連性）の重視といってよい。

この点で想起されるのが，米国のオーズベルの提唱した有意味受容学習である[3]。今回の教育課程改訂ではアクティブ・ラーニングに注目が集まるが，それは単に討論や発表などの外形的な能動性をさすのではない。特に高校の歴史教育の場合，教師の講義のしめるウェイトは大きい。重要なのは，教師の説明を生徒が機械的に受容するのではなく，学ぶ意味を感じて受容することである。だがそのためには，教師は新しい知識が生徒の認知構造に関連付くように工夫せねばならない。そこに歴史を融合するヒントがある。

(2) コモン・グッドの視点

今回の改訂では，小・中学校の社会科，高校の地理歴史科・公民科の目標（柱書きの部分）がほぼ共通の文言となった。すなわち，「国際社会に主体的に生きる平和で民主的な国家及び社会の形成者に必要な公民としての資質・能力の育成」である。これこそコモン・グッド重視の視点といってよいだろう。小・中・高と学校段階が上がるにつれて，教科は分野，科目へと分化し，高校においても学年段階とともに総合科目から探究科目へと内容の系統性は深まっていくが，それらに共通する原則が公民（市民）形成としての地理・

歴史教育であり，政治・経済・倫理教育ということである。

　なお，すでに気づいている人も多いだろうが，コモン・グッドの視点での歴史教育といえば，米国のバートンとレヴスティクの著作が思い浮かぶ[4]。現代における歴史教育の意義を，国民形成のためでも歴史学教育のためでもなく，参加民主主義の実現と位置付けてその可能性を追究したものである。ここにも世界史と自国史を超えて歴史を融合するヒントが見出せよう。

(3)　持続可能な社会の視点

　新教育課程は2020〜2030年までの10年間を視野に入れて構想されたといわれるが，2015年９月の国連サミットで採択された「持続可能な開発のための2030アジェンダ」にも，2030年までに世界が取り組むべき持続可能な開発目標（SDGs）が示されている。それは貧困，飢餓，教育，ジェンダー，雇用，インフラ，不平等，気候変動，資源，平和等の17のゴールと169のターゲットからなる包括的なものだが，いずれも生徒たちが市民として対応を迫られることになる課題である。

　私見では，SDGsの特質はレジリエンス，すなわちしなやかで復元力に富む社会を目指すことにある。だが，その実現のためにはユニバーサリティ（国を超えて取り組むこと）とパートナーシップ（相互に共同・提携すること）が不可欠である。ここに，歴史を融合するヒントがあるといえよう。

(4)　「見方・考え方」の視点

　日本史や世界史が，その時々の社会的必要に応じて構築されたものであるように，「歴史総合」もまた現在の教育的要請から構想されたものであり，総合史という実体があるわけではないことに留意したい。実体を措定するとしたら，生徒が学びの意味を実感できるような教育目標の下で，主体的・対話的に学びつつ教科・科目固有の視点や方法を活用すること以外にはありえない。その視点と方法が「見方・考え方」であり，今次改訂において全ての教科目の目標に位置付けられたのは周知の通りである。

語の定義はともかく，その方略については十分に説明されているとはいい
難い。それを混沌と捉えるか，むしろそこに新たな歴史の学びを見出すかは
教師のセンスによるが，私は後者に歴史を融合するヒントを求めたい。

(5)　主体的・対話的で深い学びの視点

　アクティブ・ラーニングに学びの有意味性が重要なことは先に述べたが，
そのためにも単なる体験（ハンズオン）活動ではなく認知（マインズオン）
活動の活性化が必要になる[5]。例えば，教師は歴史を能動的に学ばせようと
して博物館と連携したり資料読解をさせたりするが，そのこと自体が深い学
びを生むわけではない。なぜ過去の人物がそうした行為に及んだのか，その
正当化の論理を探ったり，そうした行為や決断がどう現代的諸課題に関連し
てくるのかを考えさせたりすることが，思考を活性化するのである。

　日本史や世界史を前提にして，どう深い学びに誘うかを考えることから，
現代的諸課題の形成について深く学ばせるためにどんな事例が必要かを考え
る方向に，発想の転換を図りたい。そこに歴史を融合するヒントがあろう。

（原田　智仁）

註

(1)加藤文三「サンドウィッチよさようなら㈠～㈢」『歴史地理教育』第74～76号，歴史教
　育者協議会，1962年6～8月

(2)有田嘉伸「戦前における外国史教育の歴史(1)」『長崎大学教育学部紀要　教科教育学』第
　38巻，2002年，pp.29-43

(3)森敏昭，秋田喜代美編『教育心理学キーワード』有斐閣，2006年

(4)キース・C・バートン，リンダ・S・レヴスティク著，渡部竜也他訳『コモン・グッド
　のための歴史教育　社会文化的アプローチ』春風社，2015年

(5) NCSS Position Statement,"A Vision of Powerful Teaching and Learning in the Social
　Studies",*Social Education*,80(3),2016,p.182

2　学びの意味の視点からの歴史授業デザイン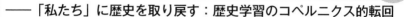
――「私たち」に歴史を取り戻す：歴史学習のコペルニクス的転回

❶ なぜ"紫式部"を学ぶのか

　我々はなぜ歴史を学ぶのか，歴史を学ぶ意味はどこにあるのか。このことを考える時，いつも思い出すことがある。20年以上も昔のことだが，私は日本史の授業後，生徒に「紫式部に清少納言，そんな昔のことを知ってどうするん。関係ないじゃん」と問われ，答えに窮したことがある。そのような経験をした教師は私だけではないのではないか。少なくとも，歴史の授業中，冷めた目をした生徒たちに気づき，苦しい思いをした経験はどの教師にもあろう。我々教師はこの子どもの声や目にどう応えているだろうか。受験や内申点などの外発的動機，先人の生き方や国民としての自覚といった道徳的動機などを除けば，多くの生徒にとって，歴史学習は自分との関係性の見えない昔語りを聞かされているに等しいのではないか。あらゆる高校生が学ばなければならない必履修科目として誕生した「歴史総合」には，この問いへの答え，つまり，生徒が歴史を学ぶ意味，生徒自身と歴史学習との関係性・レリバンスについての明確な答えが示されるべきである。

　その意味で，「歴史総合」が「Ａ　歴史の扉(1)歴史と私たち」「Ｂ　近代化と私たち」「Ｃ　国際秩序の変化や大衆化と私たち」「Ｄ　グローバル化と私たち」といった項目で構成されていることは象徴的である。この「○○と私たち」という項目名は，歴史科目としてはいささか奇異に見えるかもしれないが，ここには，歴史学習を生徒との関連性・レリバンスを基底にして捉え直そうとする明確な意図が示されている。そして，それは歴史学習を通して，生徒が歴史と向き合い，「私たち」にとっての自分事として「よりよい社会の実現を視野」にして「現代的な諸課題の形成」[1]について理解し，その解決を構想する術を具体的に体験させる科目であることを示している。そこに，

「歴史総合」を学ぶ第一の意義がある。

❷ 生徒の生きるグローバルな世界

　一方で「歴史総合」には従来の地理歴史科の「世界史Ａ」と「日本史Ａ」を足して二で割ったような科目であるという誤解が根強い。これは，2016年の中央教育審議会答申で「歴史総合」が「世界とその中の日本を広く相互的に捉え」る科目として提言[2]され，実際に平成30年告示の学習指導要領に示された「歴史総合」の目標にも同様な表現があることがその背景にある。しかし，「世界とその中の日本を広く相互的に捉え」るとは，単純に「世界史Ａ」と「日本史Ａ」を統合するという意味ではありえない。もしそうだとしたら，後続科目である「日本史探究」「世界史探究」と近現代史の学習が重複する。地理歴史科における歴史科目の構成からいっても，それはありえない。

　では，「世界とその中の日本を広く相互的に捉え」るとは，一体どうすればいいのだろうか。結論からいえば，これは「よりよい社会の実現を視野」に「現代的な諸課題の形成」について理解し，解決を目指すため，世界とその中の日本，さらには日本の中の「私たち」を相互に関連するものとして捉えること，つまり「広い視野に立ち，グローバル化する国際社会に主体的に生きる」[3]ための考察のフィールドをシームレスに拡大することと解するべきではないのか。現代的な諸課題は，国境をまたいで我々の前に立ちはだかっている。身近なことも，日本のことも，世界のことも，自らに直接関わってくるグローバルな世界で生徒たちは生きていかねばならない。「歴史総合」の意義は，そのような世界で生きていく生徒の視野の壁を取り払うところにもある。その意味で「歴史総合」はグローバルヒストリー教育である。

❸ 歴史を「私たち」に取り戻す

　我々が生きる東アジアには，国家が正統と認めた正式な歴史という意味で古くから「正史」という言葉がある。また，近代歴史学も国民国家の存立を擁護するところからスタートしており，公教育における歴史教育も，内外を

第1章　世界と日本を融合する歴史授業デザイン　15

問わず，その誕生時から国家史がその主たる内容として扱われ，通史学習を通して国民にナショナルなアイデンティティを形成していた。しかし，20世紀後半より，歴史学も多様化し，社会史やグローバルヒストリーなどの新潮流の興隆もめざましい。そのような動向を背景に，「歴史総合」は所与のものとして他者から与えられる歴史・歴史観から脱却し，「私たち」にとっての歴史を自らが描くことに挑戦している。歴史は生徒の外側に存在するのではない。歴史・歴史観は生徒の主体的な探究によって，生徒の内に創りあげられる。「歴史総合」は「正史」としてこれまで占有されていた歴史を「私たち」に取り戻す。いわば，与えられる歴史から創り出す歴史へとコペルニクス的転回を遂げた学習となっていると思われる。

　そして，当然ながら，それは自分勝手で身勝手な歴史を描くことを意味しない。「諸資料から歴史に関する様々な情報を適切かつ効果的に調べまとめる技能」や「時期や年代，推移，比較，相互の関連や現在とのつながりなどに着目して，概念などを活用して多面的・多角的に考察」したりする力などを涵養しつつ，歴史の作法自体を身につけ，その作法に則った取り組みを行うことが大前提となる。そのような学習が成立した時，歴史学習における「主体的・対話的で深い学び」も実現するであろう。

❹ 歴史とともに生きる術

　また，「歴史総合」は，地理歴史科における歴史学習の基礎科目であり，「社会的事象の歴史的な見方・考え方」を働かせ，鍛えることで「日本史探究」「世界史探究」の学習につなげていく役割がある。しかし後続の「日本史探究」「世界史探究」は自由選択科目であるため，これらを選択しない生徒も多数となる。そのような生徒にとって，「歴史総合」は小・中・高等学校で歴史を学ぶ最後の機会となる。服部一秀はメタヒストリー学習に関する論考の中で「学習者は教室の中だけで歴史認識を築けばよいわけではない。より広い社会のなかで生涯を通して歴史認識を築いていかなければならない。歴史ドラマ，歴史映画，歴史小説，歴史コミック，歴史祭り，歴史ツーリズ

ム，歴史展示，記念碑，記念日，記念行事，記念演説など，社会には様々な歴史が溢れている」[4]と指摘しているが，生徒はその後の人生において，さまざまな歴史・歴史観に晒されながら生きていかなければならない。歴史認識の相違が民族・宗教・国家間の溝を深めている深刻な現実も数多くある。その意味で，「歴史総合」は，多くの生徒にとって，社会において歴史とともに生きる術を身につける最後のチャンスでもある。「広い視野に立ち，グローバル化する国際社会に主体的に生きる平和で民主的な国家及び社会の有為な形成者」[3]となるためには，歴史とともに生きる術を身につけることが必須の時代となっている。

❺「歴史総合」の構造

では，具体的に「歴史総合」は，どのようにしてこれらのニーズを満たそうとしているのだろうか。

(1) 探究テーマの段階的な焦点化

まず，第一に「歴史総合」は通史の形式をとっていない。大項目「B　近代化と私たち」「C　国際秩序の変化や大衆化と私たち」「D　グローバル化と私たち」は時代区分を前提としたものではない。右図は2016年の

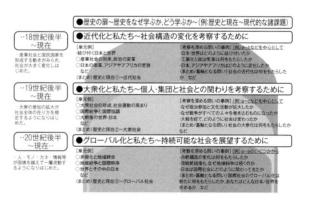

中教審答申の別添資料として示されている「歴史総合」の構造図（部分）[5]である。これを見ると，歴史総合の大項目B，C，Dは，B⊃C⊃Dといった包含関係にあり，時代区分ではないことが確認できる。21世紀の現在も，近代化，大衆化，グローバル化は現在進行形で進展している。このような配列になっているのは，生徒が「現代社会の諸課題」について探究する際に，

第1章　世界と日本を融合する歴史授業デザイン　17

「近代化」という社会全体の大きな枠組みの変化に起因する課題から，「大衆化」という近代社会における集団・個人と社会の関係の変化による課題，「グローバル化」の中で持続可能な社会を構想するための課題へと，段階的に探究するテーマを焦点化できるように意図したからであろう。つまり，「歴史総合」の構成は「よりよい社会の実現を視野」にして「現代的な諸課題の形成」について探究するためのテーマを段階的に焦点化させるプロセスとなっているといえる。

⑵ 「自分事」としての探究，レリバンスを重視した探究

次に，「歴史総合」の学習は「私たち」である生徒自身の問いを基にした課題を探究する過程として構成される。そうすることで，生徒自身と学習の関連性・レリバンスが担保される。それこそが，生徒にとって意味のある学習となる。

大項目B，C，Dはそれぞれ中項目(1)～(4)で構成されており，そこでは，以下のような展開が想定されている。まず，各中項目(1)では，それぞれの生徒に身近な生活や社会の変化に着目させ，歴史の大きな変化に伴う生活や社会の変容についての「問い」を発見させる。次に，各中項目(2)(3)では，中項目(1)で生徒が発見した「問い」を踏まえ，教師がそれらの「問い」を包括的に考慮しつつ，生徒の課題意識を育てることができるような主題を設定し，現代的な諸課題の形成に関わる近現代の歴史を理解させる。その際，生徒の課題意識を深めたり，新たな課題を見出したりすることができるように留意する。そして，大項目B・Cの中項目(4)では，それぞれの(1)(2)(3)での学習を踏まえ，現代的な諸課題の形成について，「自由・制限」「平等・格差」「開発・保全」「統合・分化」「対立・協調」などの観点を活用しつつ，教師が主題を設定（もちろん，生徒が設定してもよい）し，生徒に歴史的な探究をさせる。また，大項目Dの中項目(4)では，それまでの「歴史総合」の学習の成果を生かし，持続可能な社会の実現を視野に入れながら，生徒自身に主題を設定させ，歴史的な経緯を踏まえた現代的な諸課題について理解させ，展望

などについて考察や構想をさせるという構造になっている[6]。この時，考察のフィールドは自己・日本・世界をシームレスに拡大することになり，また，自らの過去への問いに基づいて歴史を描くことで，歴史とはいかにして語られるのかを生徒は体験することになる（右図を参照されたい）。

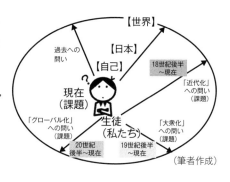
（筆者作成）

❻ 生徒と教師で創る「歴史総合」

「歴史総合」は，生徒の「問い」を教師が育て，ともに探究する。その中で，生徒は歴史のアプローチとプロセスを学ぶ。そうでなければ「歴史総合」の理念は実現しない。教師は，これまでの授業づくりを一旦リセットし，教科書記述を伝達するような授業を過去のものとしなければならない。新しく誕生した「歴史総合」の成否は，今後の教師の授業づくりに委ねられている。

（二井　正浩）

註

(1)「歴史総合」の目標(1)より。
(2)中央教育審議会『幼稚園，小学校，中学校，高等学校及び特別支援学校の学習指導要領等の改善及び必要な方策等について（答申）』第2部第2章2，2016年
(3)「歴史総合」の目標より。
(4)服部一秀「社会の中の歴史に関するメタヒストリー学習の意義　ドイツの歴史教科書『歴史と出来事　テューリンゲン州版』を手がかりに」『社会系教科教育学研究』第28号，社会系教科教育学会，2016年，p.11
(5)中央教育審議会，前掲書別添資料，別添 pp.3-8
(6)文部科学省『高等学校学習指導要領（平成30年告示）解説　地理歴史編』2018年，pp.128-129を基にした。

3 コモン・グッドの視点からの歴史授業デザイン
――「教室外の価値（Value beyond schools）」を問う

❶ 高校での世界史の学びが逆効果？

　ある日筆者は近所にできたトルコ料理店に昼飯を食べに行った。筆者は新婚旅行でトルコに行っており，その時に見たダーダネルス海峡付近のアーモンドの花の美しさを店長に話したら，話が盛り上がった。「日本人は日本の桜は綺麗でしょ，と言ってくるけど，アーモンドの花と何が違うのかわからない」と店長。「確かにね」と筆者。日本の人たちの多くは満開の桜が咲く春の景色は世界で日本だけだと思っているが，実はトルコの春景色もそう変わらない。そんな他愛のない話をしていると，店長が不意に「お客さんはちゃんと『イスタンブール』というね。この前来た別のお客は『コンスタンティノープル』といっていた。あれは頭にくる」といってきた。正直筆者は驚いた。実際，筆者のトルコへの関心も，どちらかといえばオスマン帝国時代の遺物よりも，東ローマ帝国時代の遺物にあった。だからイスタンブールをコンスタンティノープルと呼ぶその日本人客の気持ちは正直よくわかる。さらにいえば，イスタンブールのことをコンスタンティノープルと呼ぶことが御法度であることを全然知らなかった。店長はいう。「1453年からイスタンブールなのに。いったいいつの話をしているんだと思う。日本の人は悪気がないのかもしれないが，ビザンチウムとかコンスタンティノープルとかいった呼び名をあえて用いることは，イスタンブールをキリスト教勢力の支配下に戻せ，といっているように思えるんだ」「ウィーンのことをトルコではヴィヤナというが，この呼称をウィーンの人は嫌がるはずだ」と。なるほど，と筆者は思った。後で知ったのだが，トルコの建国者ケマル・アタテュルクは1923年にイスタンブール以外の呼称で呼ぶことを禁止したらしい。

　ただ筆者やその客のように，イスタンブールに対して古の東ローマ帝国の

都コンスタンティノープルというイメージがオスマン帝国の都のイメージに先行する人は少なくないのではないか。ふと筆者は，高校時代に使っていた世界史の教科書を開いてみた。1453年のコンスタンティノープルの陥落まで，この都市の名前はしばしば教科書に登場している。しかし，1453年以降，この都市の話はあまり世界史の教科書に出てこない。そもそもオスマン帝国の話題自体が，16世紀のスレイマン大帝のウィーン包囲の後は，19世紀までほとんど話題に出てこない。改めて，日本のこれまでの世界史教育のヨーロッパ偏重ぶりを思い知らされることになった。その客は高校時代にヨーロッパ偏重の世界史を学んだことが却って仇となりトルコ人の店主に失礼なことをいうことになったのかもしれない。筆者も危ないところであった。

❷ メタヒストリー

　ヘイドン・ホワイトの「メタヒストリー」[1]という言葉が日本の歴史教育の世界でも注目され始めている。この言葉は，学校教師の間で一般には，歴史学研究や高校の歴史教科書の主観性を暴いたり，権力性を見つめたりしようという意味で用いられることが多い。メタヒストリーを歴史教育に取り入れるべきだと主張している筆者のよく知るある歴史教育の研究者の場合，例えばイギリスの「清教徒革命」といういい方は，歴史学者が「革命」と名付けたもので，日本での呼び名としてはほぼ固定されているが，英国では「三王国戦争（Wars of the Three Kingdoms）」などの呼び名もあって，必ずしも革命と位置付けられてはいないことを紹介している。日本で清教徒革命の名称が固定化したのは，日本の歴史研究がマルクス経済学の大家，大塚久雄の歴史観の影響を大きく受けているからなのだそうだ。そして彼は子どもたちに清教徒革命は「革命」なのかを議論させてはどうか，と提案している。

　なるほど，確かに享保・寛政・天保の江戸時代の三大改革についても，江戸時代には他にも綱吉の政治や正徳の治，田沼意次の政治など，「改革」と呼んでも差し支えない為政者たちの政策はたくさんあるのに，どうしてこの三つが特別扱いなのだろう，といった疑問を筆者も中学生の時に感じていた

第1章　世界と日本を融合する歴史授業デザイン　21

が，メタヒストリーが歴史教育に取り入れられれば，こうした筆者のような中学生の疑問に答えてくれるものになり，歴史用語に込められた歴史学者たちの意図を感じ取ることができるようになりそうだ。

　ただいずれにしても，これらは教える側の意図が何であれ，学習する側の多くには，歴史が大好きなマニア向けの話のように聞こえてしまうのではないか。日本でメタヒストリーの議論に注目している人たちに最も欠けているのは，その学びの「学校外での価値（value beyond schools）」についての深い考察であると筆者は考えている。つまり，歴史学者になるわけでもない一般の子どもたちや市民が実際にメタヒストリーをしなければならなくなるような場面や状況について彼らは十分に考慮していないと筆者はいいたいのである。その点，先に挙げたトルコ料理店での出来事は，筆者に社会生活に密着したリアルな（最近では「真正の（authentic）」と表現することが多い）メタヒストリーの学びを生み出した。学校現場にメタヒストリーを取り入れたいのであれば，トルコ料理店での場面のような，社会生活上で実際に直面しそうな状況を思い浮かべることが必要である。

❸ コモン・グッドのためのメタヒストリー学習
——東アジアとはどこか？

　加えて社会科として歴史を学ぶことを考えるならば，ただリアルな場面を設定するだけでなく，民主的で平和的な社会の形成に寄与する学びのあり方を考える必要がある。ただ最近のアメリカでの議論では，「民主的で平和的な社会への寄与」という言葉の意味するところが政治的な側面だけに限定されるべきではなく，広く社会生活や人間関係の改善に貢献するものになるべきである，といった主張がなされるようになり，「公共善＝コモン・グッドへの貢献（for the common good）」という概念が頻繁に用いられるようになってきている[2]。筆者が思うに，この議論は歴史教育の可能性を広げるのに大きく寄与するはずである。例えば先のトルコ料理店でのやりとりを踏まえて筆者のように日本の一般的な世界史教科書の主観性や権力性を確認する

こと（つまりメタヒストリーをすること）は，政治的民主化の進展にあまり寄与することはないだろう。しかし，平和的な人間関係の構築・改善にはおそらく大きく貢献すると思われる。こうしたアプローチを私人間の問題であるとして道徳領域に任せることも一つの考え方だろうが，筆者は歴史領域の学びの中で試みた方が，ずっと合理的であると考えている。

　今回，筆者はもう一つ，平和的な人間関係の構築を目指すメタヒストリー学習の事例を提案したいと思う。そのきっかけとなったのは，ある本にあった次の記述であった。

　　皮肉なことだが，アジア人アイデンティティのこととなると，特に合衆国では，フィリピン人が割を食うことが多い。フィリピン人はスペイン系の苗字を持っていることが多いので，ラテン系とよく間違えられるのである。フィリピン人は，東アジア人のコミュニティからもラテン系のコミュニティからも拒否される[3]。

日本に住むフィリピン人たちが現状において日本人・中国人・韓国人のコミュニティ，そして東南アジア系やラテン系のコミュニティから拒否されているかどうか，筆者にはわからない。ただこれからどんどんフィリピンの人たちが新たな労働力として来日する中で，将来的には考えられる話ではある。もちろんそれは，フィリピンがスペイン領であったことから特にルソン島に住む人たちの多くがキリスト教徒であること，しかしスペイン語は母国語ではなく漢字文化圏でもないことなどが，その主な理由となるだろう。だが，その一方で日本に住む人々の一般的な社会認識，つまりフィリピンは東アジアではないという認識も，こうした傾向を助長することになるだろう。

　確かに地理的に見てフィリピンが東アジアではなく東南アジアに属することは疑いのないところである。しかしこうした地理上の空間区分は普遍的なものなのだろうか。

　日本・中国・韓国の歴史学者たちが共同編集をした歴史教科書『未来をひ

第1章　世界と日本を融合する歴史授業デザイン　23

らく歴史』（高文研，2005年）は，地理上の空間区分（東アジア＝日本・中国（・台湾）・韓国（・北朝鮮））をそのまま歴史を語る上での領域に転用した事例といっていいだろう。この点は歴史学者からも批判があり，成田龍一も「日本，韓国，中国によって東アジアが代表・代行されており，朝鮮民主主義人民共和国，台湾，モンゴル，あるいはロシア，ベトナムなどは省かれている。（中略）東アジアの歴史像を再構成するにあたり，叙述が三国にだけ限定された理由が示されなければならない」と述べ，東アジア＝日中韓とする枠組みを自明としている点を問題視する[4]。一方で，中華文明を共有した地域，特に漢字文化圏を歴史学的な意味での「東アジア」とみなそうとする動きもある。この場合，本来なら東南アジアに属すベトナムが東アジアに位置付くことになり，また現在の中華人民共和国領土内にあるチベットなどは除外される。宋銭や明銭の流通という観点から東アジアを再定義することも可能だろう。

　ただいずれにしても，フィリピンが「東アジア」に含まれると考えられることは少ないであろう。では，日本，中国，韓国とフィリピンとの関係は希薄なのだろうか。

　少なくとも日本（や中国）に関していうなら，フィリピンとの歴史的なつながりはそれなりに深いといわざるを得ない。これは調べるとわかるところである。まず縄文人には，かなりの割合でポリネシア系の人たちが含まれていたという。彼らがどのように日本にたどり着いたのかは知るよしもないが，常識的には海流を利用したと考えるのが自然であり，台湾から沖縄・奄美諸島と北上したグループが日本人の起源であり，台湾からフィリピン，インドネシアと南東に向かったグループが，太平洋の島々の原住民の起源と考えられている。また，14世紀にはイスラム商人や中国商人がフィリピンで交易をしており，そこに16世紀後半スペインが進出してくると，日本も含めた南蛮貿易・朱印船貿易が始まった。マニラには，日本や南米からの銀を目当てに中国商人が生糸・絹織物・陶器を大量に運んできており，これをスペイン船や日本の船に密売した。マニラには日本人町も生まれた。江戸時代に入り幕

府は海禁政策をとり，日本とフィリピンとの直接的な交易はなくなった。再び日本とフィリピンの関係が密接になったのは明治後半に始まる日本人移民で，主に農園の労働力として期待された。両国の関係がさらに重視されるようになったのは大東亜共栄圏建設が叫ばれた頃，特に日本軍がフィリピンを占領してからで，日本の教科書ではフィリピンに関する記述が5倍程増大し，日比間の歴史的な結びつきの深さや文化的類似性が強調された。

　筆者はマニラで，フィリピンの歴史を紹介する博物館に足を運ぶ機会があった。そこで驚いたのは，日本の登場回数の多さである。フィリピンではその歴史の詳細を知るための史料は，ほぼスペイン統治時代以降のものに頼らざるを得ない。つまりフィリピンの歴史は，事実上，16世紀以降から詳しい語りが始まる。そしてその始まりの時点で，すでにスペインも中国も，そして日本も登場する。フィリピンの歴史の語りは，フィリピンが東アジア史の一部を立派に構成していることを感じさせるものである。

　東アジアのような地理上の空間を歴史的に問い直す行為は，私たちと他者との境界を問い直すことにつながる。そして，そのことが，人間関係の見直しを私たちに迫る可能性を持つ。メタヒストリーは，こうした文脈の中で用いられるなら，公共善に貢献する素晴らしい学習となるだろう。

（渡部　竜也）

註

(1)ヘイドン・ホワイト著／岩崎稔監訳『メタヒストリー　一九世紀ヨーロッパにおける歴史的想像力』作品社，2017年

(2)キース・C・バートン，リンダ・S・レヴスティク著，渡部竜也他訳『コモン・グッドのための歴史教育　社会文化的アプローチ』春風社，2015年

(3)ジューン・A・ゴードン著／志水宏吉，ハヤシザキカズヒコ訳『変革的教育学としてのエスノグラフィ　教室の壁をこえて』明石書店，2010年，p.31

(4)成田龍一「「東アジア史」の可能性」小森陽一他編著『東アジア歴史認識論争のメタヒストリー「韓日，連帯21」の試み』青弓社，2008年，p.119

4 持続可能な社会の視点からの歴史授業デザイン
——現代の課題から歴史の授業へ

❶ 持続可能な社会の視点からの歴史授業デザインのポイント

持続可能な社会の視点から歴史授業をつくるポイントは，結論から先に述べると，以下の三つになる。

---
a　現代の諸課題を追究・探究するために歴史を学ぶ——現代からの問いかけと歴史の手段化
b　現代の諸課題の解決のために歴史を学ぶ——過去を知って今を知る
c　歴史的エンパシーによって過去の多様な人々の立場を理解する——未来に向けたパートナーシップに生かす

これらのことを，「歴史総合」に引きつけて述べていこう（以下，ポイントa，ポイントb，ポイントc）。

❷ 「歴史総合」における持続可能な社会の視点からの歴史授業の位置付け

2015年9月，国連サミットで「持続可能な開発のための2030アジェンダ」が採択され，貧困，飢餓，不平等，平和など，17の目標からなる，持続可能な開発目標（SDGs）が示された。

「歴史総合」では，2カ所（大項目「D　グローバル化と私たち」の中項目「(3)世界秩序の変容と日本」の「内容の取扱い」と，大項目「D　グローバル化と私たち」の中項目「(4)現代的な諸課題の形成と展望」）に，それぞれ「持続可能な開発」「持続可能な社会」の語が記されている。特に大項目Dの中項目(4)では，「歴史総合」全体のまとめに位置付けられ，生徒が探究

する方向性として「持続可能な社会の実現」が示されている。このように，「歴史総合」における持続可能な社会の視点からの歴史授業は，主に中項目「(4)現代的な諸課題の形成と展望」に位置付く。

❸ 持続可能な社会の視点からの歴史授業デザインの視点と方法

(1) 「歴史総合」における問いが結びつけるもの

「歴史総合」では，歴史を過去のものとせず，現代に生きる私たち（生徒）との関わりの中で学習することを重視している。具体的には，大項目の名称は「○○と私たち」という形をとり，まず中項目「(1)○○への問い」で，身近な資料から過去への問いを生徒が設定することからはじめる。次に中項目(2)(3)で現代的な諸課題の形成に関わる近現代の歴史の理解を行い，終わりの中項目(4)で「○○と現代的な諸課題」として，「自由・制限」「平等・格差」「開発・保全」「統合・分化」「対立・協調」の五つの観点を活用して主題を設定し，問いを設け，これまでの歴史学習の成果を現代の諸課題の形成と結びつけるように編成されている。このように，「歴史総合」では，問いを設定することによって歴史を私たち（生徒），そして現代の諸課題の形成と結びつけ，学習を展開するように編成されている。

(2) 「歴史総合」における問いが意味するもの

もう少し問いにこだわって具体的に見ていこう。『高等学校学習指導要領（平成30年告示）解説 地理歴史編』（以下『解説』）には，随所に問いの例示がなされている。また，そのような問いを設けるための参考になるよう，「課題（問い）と資料の活用」の参考例も，あらかじめ「歴史総合」解説の前半で示されている（『解説』，pp.131-134）。

これらの問いを検討すると，大きく二つのことがいえる。まず一つ目は，問いを設定することによって歴史に生徒を引き付けて主体性を保証し，問いと資料で課題を追究・探究させ，「主体的・対話的で深い学び」を保証しようとしていることである。それは，中項目「(1)○○への問い」と中項目(2)(3)

第1章 世界と日本を融合する歴史授業デザイン 27

の小項目の後半に示される「あなたは」からではじまる過去の事象を現代と比較し，歴史の学習を意味付ける社会的レリバンスを高める問いに典型的に見られる。

　具体的に見ると，中項目「(1)○○への問い」では，生徒に資料から問いを表現させるため，教師が示す諸資料の例が挙げられている。例えば，大項目「B　近代化と私たち」の中項目「(1)近代化への問い」に列記されたうちの「交通と貿易」では，貿易額や貿易品目の推移，鉄道の敷設距離の推移や航路の拡大と所要日数の推移，工場数の推移を示す資料が例示されている（『解説』，p.141）。中項目「(3)国民国家と明治維新」の小項目(ア)「立憲体制と国民国家の形成」では，小項目(ア)全体に関わる問いとして「欧米で生まれた国民国家は，なぜ日本をはじめ世界へ広がったのだろうか」が設定され，さらに，その小項目(ア)の中に示された事象「18世紀後半以降の欧米の市民革命や国民統合の動向」に関わって，推移や展開を考察させるための「どのような経緯で国民国家は誕生したのだろうか」という問い，そして「あなたは，国民統合の進展は，後の人々にどのような考えや課題をもたらすと考えるか」という事象を比較し関連付けて考察させるための問いが示されている（『解説』，pp.148-149）。

　このように，問いによって歴史と私たち（生徒）を結びつけ，主体性の保証と社会的レリバンスを高め，問いと資料で「主体的・対話的で深い学び」を保証しようとしている。

　二つ目は，近現代の通史を緩やかな大枠として保ちながら，それぞれの時期の歴史的な事象や状況から問いを設定しているということである。中項目(1)では大項目に関わる推移や変化を示す事象から，中項目(2)(3)では中項目とその中の小項目に関わる歴史の事象から，中項目(4)では五つの観点を窓に大項目それぞれの時期の歴史的状況から，問いが設定されている。

　具体的に，中項目「(4)近代化と現代的な諸課題」の五つの観点のうちの「統合・分化」を見ると，「例えば，『南北戦争は，アメリカ合衆国の国民国家化にどのような意味をもったのだろうか』などの問いを設定して，国民統

合の強化や国民意識の変容を今日に続く課題として取り上げることが考えられる」(『解説』，p.153)と述べられている。

　このように，歴史（過去）から現代へ向けて問いが設定され，中項目(4)で歴史と現代的な諸課題を結びつけている。

　以上のような二つの点から，「歴史総合」では，現代から過去へ問いかけるのではなく，理解させるべき歴史が中核に位置付けられ，歴史に私たち（生徒）を引き付け，歴史（過去）から現代的な諸課題を結びつけるものとなっているといえる。

(3)　持続可能な社会の視点からの歴史授業デザインのポイント

　それでは，「歴史総合」のまとめの中項目「(4)現代的な諸課題の形成と展望」では，どのような問いが示されているだろうか。『解説』に例示された問いのいくつかを示すと，「近現代の歴史において，科学技術の発展は，社会にどのような影響を与えてきたのだろうか」「世界の環境問題はどのような歴史的経緯で深刻化し，どのような対策が取り組まれてきたのだろうか」「立憲体制はどのような歴史的経緯で世界に広まり，各国ごとにどのような特色の違いがあるのだろうか」などである。一般的に，現代的な諸課題と聞いて思い浮かべるのは，SDGsで示されているような貧困，飢餓，不平等，平和やそれらに関わる人口問題，食糧問題，格差問題，紛争問題といった「〇〇問題」ではないだろうか。中項目(4)で例示された科学技術の発展とその影響についてであれば，例えば，「なぜ世界では格差の少ない国と格差の大きい国が見られるのだろうか。例えば，アメリカ合衆国も南米の国々もジニ係数が大きいけれど，それぞれどのような歴史的な背景を持っているのだろうか。産業革命や科学技術の進歩はそれぞれの地域や世界にどのような影響を与えたのだろうか」といったような問いと展開はどうだろうか。

　冒頭でも述べたように，持続可能な社会の視点からの歴史授業をつくるのであれば，a，b，cの三つのポイントが重要である。

　まず主題の設定は，SDGsに示された課題や「〇〇問題」といったような

第1章　世界と日本を融合する歴史授業デザイン　29

現代の諸課題から，生徒の興味・関心を踏まえて設定し，問いは「なぜ」の問いによって諸課題の背景や原因，結果や影響について探究させる。つまり，現代から問いかけ，その問いを解く手段として歴史やこれまでの歴史の学習の成果を活用する。ポイントａである。次に，歴史学習の成果を活用して，課題の解決について展望する学習とする。しかし，「(4)現代的な諸課題の形成と展望」では，イ(ア)に「現代的な諸課題を展望したり」とあるように，あくまでも「現代的な諸課題の形成と展望」であり，「現代的な諸課題を展望」することとされている。なぜ歴史を学ぶのか。過去を知って今を知る，さらには未来を展望するためではないだろうか。これまでの歴史学習の成果を活用して，現代の諸課題解決のために歴史を学ぶ。もちろん，「○○問題」は解決できないから「○○問題」として存在しているのであり，その解決策を導き出すことは限りなく難しいかもしれない。しかしそれゆえに，解決のために歴史を学び，探究し，構想し，問い続けることが重要なのではないだろうか。これがポイントｂである。そして三つ目のポイントｃ。現代の諸課題は，国境を越え，原因も複雑であったり，また，多様な立場の人たちの利害関係も複雑に絡み合ったりして，解決の難しい問題である。そのため，これまでの歴史学習，特に中項目(2)(3)の小項目の後半に示される「あなたは」からはじまる過去の事象を現代と比較して考察する学習の成果などを活用して，歴史的エンパシーによって過去の多様な人々の立場を理解することを通して，未来に向けたパートナーシップに生かすことが重要となる。

❹ 持続可能な社会の実現に向けた歴史授業デザイン

　それでは，三つのポイントと主な問いによって，筆者が構想する具体的な授業展開例を紹介しよう。

単元「民族紛争・民族対立の解決に向けて」

MQ　民族紛争・民族対立はなぜ起こり，なぜなくならないのだろうか

　　（ポイントａ）

　Q　世界の民族紛争にはどのようなものがあるだろうか

→イスラエル・パレスチナ問題，クルド人問題，コンゴ紛争など

Q　なぜそれらの紛争が起こったのか，歴史的背景や原因を追究しよう

　　q　イスラエル・パレスチナ問題はなぜ起こり，続いているのだろう

　　　　→複数の国々が複雑に絡み合った紛争

　　q　クルド人問題はなぜ起こり，続いているのだろう

　　　　→複数の国に民族が分断され，各国で少数派となっている問題

　　q　コンゴ紛争はなぜ起こり，続いているのだろう

　　　　→携帯電話のコンデンサなどに使われる希少資源（タンタルなど）
　　　　　をめぐる紛争

Q　これらと同じような紛争は他に過去にはなかっただろうか

　　→例えば，コンゴ紛争のように資源をめぐる紛争は，シエラレオネで
　　　「紛争ダイヤモンド」などが紛争の資金源となった

MQ　解決に向けた動きや解決した民族紛争などは過去にはなかったのだろ
　　うか。解決に向かったり，解決したのはなぜだろうか（**ポイントb**）

　　→パレスチナ和平とその背景

　　→ルワンダ内戦から奇跡の成長を遂げるルワンダのプロセス

MQ　それぞれの人々の対立していた時の心情と解決に向かった時の心情は
　　どういうものだったのだろうか。なぜ，変わることができたのだろうか。
　　対立を和解させた例はないだろうか（**ポイントc**）

　　→ルワンダ内戦後のガチャチャ裁判

　　→南アフリカ共和国の真実和解委員会

MQ　民族紛争・対立解決のために，私たちは歴史から何を学ぶ必要がある
　　だろうか（終結）→オープンエンド

（中本　和彦）

5 「見方・考え方」の視点からの歴史授業デザイン
——歴史総合が目指す授業の条件

❶ 歴史学にみられる近年の動向と歴史学習の現状

　歴史学習の理論的基盤となる歴史学は，大きな変化を遂げている。歴史学では客観的に実在する客体としての歴史を主体としての歴史家が史資料に基づいて実証するという歴史の捉え方，いわゆる客体主義が根強く残っていた。二宮宏之はその背景に歴史教科書に代表される教育における歴史の扱い方と，歴史記述への主観の介入を極力排除する実証主義の歴史学という教育と研究両レベルが関わっているとする[1]。そのため，1980～1990年代にかけて，構造主義言語学やポスト構造主義などに起源を持つ言語論的転回が「歴史学の分野にも押し寄せたとき，それらは歴史学という学問の前提や存在意義自体を根本から否定し，歴史学を解体しようとする挑戦」[2]と捉えられた。

　しかし，ヘイドン・ホワイトら言語論的転回派の歴史家が提唱した，歴史的事象間の関連付けから歴史的意味を形成することで歴史の構築を図る歴史の物語論[3]は，従来の主体と客体の関係を覆し，歴史学にインパクトを与えることとなる。史資料を丹念に読み解くことで歴史を解明するという従来の歴史学の方法に対し，関連付けによる文脈化から歴史を構築するという新しい方法を提起したのである。言語論的転回は歴史学における多様な論争とともに，語りとしての歴史という新しい歴史学の動向も生み出した。

　一方で，高等学校では，暗記や詰め込みによる客体主義に基づく歴史学習が入試対策という名目のもとで継続されている。従前の世界史Aの中心的目標は近現代世界の歴史の展開，日本史Aのそれは近現代日本の歴史の展開の理解であり，学習指導要領も歴史の流れの把握に不可欠な歴史的事象を網羅した学習から脱却していない。小田中直樹は，「『こういう史実が存在した』とか，『ある史実の原因や特徴や結果はこうだった』とか，『歴史はこう流れ

た』といったことを，とても断定的に記述する」[4]という歴史教科書の書き方を指摘する。学習指導要領や歴史教科書に即した歴史授業を実施する歴史教師の多くは，歴史の因果関係に基づいて歴史を通史的に理解させる歴史学習を再生産し続けている。

❷ 学習指導要領の改訂がもたらす歴史学習観の転換

　平成30年告示の学習指導要領は従来の学習の転換を図るものであり，全教科に及ぶ共通点は，内容重視から資質・能力重視への学力観の転換，主体的・対話的で深い学びを通した資質・能力の育成という２点である。これを歴史総合の文脈で捉え直すと，歴史学の成果に依拠した学習内容をいかに理解するのかに重点を置いた客体主義に基づく歴史学習からの脱却を意味する。

　現行の世界史Aの大項目「地球社会と日本」の中項目「イ　世界戦争と平和」では，まず欧米諸国による植民地獲得や勢力圏拡大競争と，その市場や資本の輸出先，植民地での民族運動の高揚など，第一次世界大戦以前の世界情勢を把握する。次に第一次世界大戦の原因や性格や展開，戦後の国際社会の枠組みの変化とともに，国際秩序の危機とファシズムの台頭が引き起こした第二次世界大戦の甚大な戦争被害とその複合的な性格の理解が図られる。この中項目では，両世界大戦が引き起こされた原因と経緯，その影響といった歴史の流れを捉えるための学習内容の理解が主たる目的となっている。

　それに対し，歴史総合では，史資料の読解で認識した歴史的事実を関連付け，自分で歴史像を構築するという歴史学の方法に依拠した学習が図られる。この学習こそが主体的・対話的で深い学びで，そこでの資質・能力の育成が主たる目的である。例えば，歴史総合の大項目「C　国際秩序の変化や大衆化と私たち」の中項目「(2)第一次世界大戦と大衆社会」では，第一次世界大戦の推移と大戦後の世界に与えた影響を考察する小項目において課題を設定した学習の例が挙げられる。「日本やアメリカ合衆国，中国政府，さらに英領インドなどは，何を期待して戦争に参加したのだろうか」と，「あなたは，第一次世界大戦が長期戦となり，未曾有の被害が発生したことについて，そ

第1章　世界と日本を融合する歴史授業デザイン　33

の最も大きな要因は何だと考えるか」という問いが設定される。前者で第一次世界大戦がなぜ引き起こされたのかを日本，アメリカ，植民地等の視点から考察し，後者で総力戦体制を分析概念として第一次世界大戦を自らの言葉で表現することが目指される。

　世界史Aと歴史総合の同時期の学習を比較すると，相違は一目瞭然である。世界史Aでは両大戦期の展開を把握すること，歴史総合では問いに基づいて史資料を読解し，各国や歴史的事象の比較や，関連付けをすることで，時代の画期を明らかにする歴史像を形成することが主眼とされる。歴史的事象の関連付けから歴史を構築するという語りとしての歴史学の成果が歴史学習にも援用され，客体主義に基づいた歴史学習から脱却している。今次の学習指導要領の改訂は，歴史学習が転換期を迎えたことを意味しているのである。

❸ 新しい歴史の見方・考え方に基づいた歴史授業デザイン

(1) 歴史総合における歴史の見方・考え方

　歴史総合では，問いに基づいた史資料の読解や解釈活動を通して歴史像を構築するという歴史学習が想定される。この学習を支える前提となるのが歴史的な見方・考え方である。歴史的な見方・考え方は1999年版学習指導要領にもみられるものの，その具体は示されていなかったが，今次の改訂で，「社会的事象を，時期，推移などに着目して捉え，類似や差異などを明確にし，事象同士を因果関係などで関連付け」たりすることと明示された。簡潔な定義ではあるものの，この定義には類似や差異を明確にするという比較，因果関係などでの関連付けという歴史学習の重要な原理が読み取れる。例えば，小田中直樹は，「くらべること」（比較）と「つなぐこと」（関連付け）を生徒に思考機会を提供する営為と捉え[5]，生徒が歴史を語るための不可欠な要素に位置づけている。

　歴史的な見方・考え方に基づく生徒の思考を，先に挙げた第一次世界大戦に関する問いで検討してみよう。前者の問いでは，日本，アメリカ，中国，インドが第一次世界大戦をどのように捉えていたのかを史資料に基づいて考

察する。各国に関する史資料を読解し，第一次世界大戦が起こった背景となる国際情勢から大戦への各国の参加と推移を明らかにする。ここでは，小田中流にいうと，第一次世界大戦の原因と結果，影響といった因果関係からなるタテのつながりと同時期に並行して現れる各国間の相互関係というヨコのつながりが同時に有効に機能し，生徒の思考を支援することが図られる。さらに，各国がどのように立場を異にし，第一次世界大戦へと巻き込まれていったのかという「くらべる」思考も機能する。後者の問いでは，第一次世界大戦の性格を総力戦体制という枠組みから表現することが求められる。ここでは，未曽有の被害が帝国主義国と植民地といった各国の立場でどのように異なるのかという「くらべる」と，総力戦となった各国の経緯とそれが戦後に与える影響といったタテのつながりでの思考が重要である。さらに，最も大きな要因は何かという問いは，要因同士を「くらべる」という思考も求める。二つの問いに基づいて，歴史的な見方・考え方としての「くらべること」と「つなぐこと」を通して，国際的な視野から第一次世界大戦を解釈し，表現することが歴史的思考となっているのである。

　今次の改訂で，歴史学習の原理に基づき，歴史的思考の前提でもある比較と関連付けが歴史的な見方・考え方として明確にされたことで，歴史学習でより機能することとなり，積極的な意味が付与されたのである。

(2)　歴史総合の授業デザイン

　それでは，新しい歴史の見方・考え方に基づいた歴史授業をどうすればデザインできるのか。ここでは，その歴史授業をデザインするための重要な条件を挙げておきたい。第1は，生徒の思考を促す問いを設定することである。例えば，なぜ第一次世界大戦は長期戦となったのだろうかといった問いである。まずは教師が設定するのが現実的であるが，単元が進むにつれて，生徒自身の問題意識に基づいて問いを設定できるようになることがより望ましい。

　第2は，史資料を適切に選択し，提示することである。問いの考察のために，文献史料，絵画資料，映像資料，現物資料など多岐に亘る史資料をその

特質を理解した上で選択し，適切に提示することが教師には求められる。例えば，当時の兵士の日記，第一次世界大戦での総力戦体制について論じた歴史家のテキスト，兵器工場で働く女性の写真，植民地での兵士を募るポスター，第一次世界大戦を扱った映画などが考えられる。さらに，生徒自身で史資料を収集・選択できるようになることも大切である。

　第3は，史資料に基づいた比較や関連付けを想定することである。史資料から歴史的事実を読み取らせるだけでなく，複数の史資料や歴史的事実をどのように比較，関連付けることで，どのような解釈へと深められるのかを設定しておくことが重要となる。例えば，第一次世界大戦の学習では先の第2で例示した史資料の比較や関連付けから，帝国主義国と植民地が複雑に絡み合う総力戦体制の下での戦争という第一次世界大戦の解釈が想定される。

　第4は，生徒に自分なりの歴史像を構築させることである。問いに基づいた各史資料の読解，史資料や歴史的事実の比較や関連付けから，歴史像を各自で表現することが最終目的である。例えば，第一次世界大戦の表現は，日本，帝国主義国，植民地のどの立場で論じるか（くらべる），これら全ての立場を関連付けて論じるか（ヨコのつながり），総力戦体制が構築されるどの過程に重点を置くか（タテのつながり）によって異なる。この相違が第一次世界大戦についての生徒の多様な表現＝語りをもたらすのである。

　これら四つの条件を備えた歴史授業をデザインすると，日本史と世界史という区別は必然的に不可能であり，両者を融合した歴史を語るという新しい歴史学習の可能性が拓かれるのである。今次の改訂で，これらの条件を満たすことが可能となり，いよいよ歴史学習でも転換の実現が期待される。

　一方で，この歴史学習の転換には多くの課題も予想される。教師には適切な問いの設定，史資料の適切な選択，史資料での比較・関連付けの想定など多様な力量が，生徒には自身で歴史を思考・判断・表現する資質・能力が求められる。従来の歴史学習より遥かに高度で深い資質・能力が必須となる。

　そして，歴史的な見方・考え方に関わる課題も指摘される。この見方・考え方の根底にある比較と関連付けの背景には，他者理解と現在関連という歴

史学習の原理がある。歴史総合では「○○と私たち」という大項目が示すように，現在関連は想定されている。しかし，他者理解はどうであろうか。他者には，時間的に隔たった他者（古代や中世の人々），空間的に隔たった他者（現在の異なる文化圏で生活する人々），その双方で隔たった他者が考えられる。直接的に現在の我々と結びつかない他者の学習が想定されていないことは，近現代史の学習が必修とされることに如実に現れている。しかし，過去の歴史的・文化的に異なる人々の行為を後れた異質なものと捉えるのではなく，当時の視点からその行為の意味を考察することで寛容や感情移入，アイデンティティの構築にも寄与する他者理解は歴史学習でしかなしえない重要な原理である。現代史に限定した歴史総合でも他者理解の原理に基づく学習は可能であるが，その検討は十分なされているとはいえない。

　教師は自身にどのような力量が必要で，生徒にどのような資質・能力を育成すべきかを検討するとともに，他者理解と現在関連という歴史学習の原理から歴史的な見方・考え方を再度捉え直すことで，歴史総合にみられる課題を克服し，歴史学習の転換に向けたさらなる飛躍を目指すことが求められる。

・生徒の思考を促す問いの設定
・特質を考慮した史資料の選択と提示　　　新しい歴史の見方・考え方に基づいた
・史資料に基づいた比較や関連付けの想定　歴史授業の条件
・生徒による歴史像の構築

（宇都宮　明子）

註

(1)上村忠男他編『歴史を問う (4)歴史はいかに書かれるか』岩波書店，2004年，pp.10-12

(2)上野千鶴子編『構築主義とは何か』勁草書房，2001年，p.143

(3)言語論的転回派の物語論については，野家啓一『歴史を哲学する 七日間の集中講義』岩波書店，2016年，pp.74-93を参照。

(4)小田中直樹『歴史学ってなんだ？』PHP 研究所，2004年，p.150

(5)小田中直樹『世界史の教室から』山川出版社，2007年，p.148

6 「主体的・対話的で深い学び」の視点からの歴史授業デザイン
——探究の明確化と可視化を目指して

① アクティブ・ラーニングが登場した背景と意義

　現在，グローバル化の進展や絶え間ない技術革新によって，学校のあり方自体が大きく変貌しようとしている。今次改訂された学習指導要領では，このような新時代に必要となる資質・能力の育成が目指されることになった。そこでは，カリキュラムの構造の面で，従前の「何を学ぶか」というコンテンツ・ベースから「どのように学ぶか」「何ができるようになるか」というコンピテンシー・ベースへの転換が促されている。そして，授業作りの面においては，アクティブ・ラーニング（以下「A・L」と表記する）の視点からの学習過程や評価の改善に関わる側面に焦点があてられることになった。

　まず，本節では，A・Lとは何かの議論から開始する。A・Lとは，一般には「課題の発見と解決に向けて主体的・協働的に学ぶ学習」（中央教育審議会教育課程部会配付資料，2014年11月配布）を意味する。また，代表的な定義とされる溝上慎一の規定では，「一方的な知識伝達型講義を聴くという（受動的）学習を乗り越える意味での，あらゆる能動的な学習」[1]とされる。しかし，今次改訂では，「主体的・対話的で深い学び」（高等学校学習指導要領総則）に支えられた学習方法と定義された。ここでの「主体的な学び」とは，学びを自分の人生や社会のあり方と結びつけて考え，次の新しい学びに結びつけていくことを求めるものである。また，「対話的な学び」とは，他者との交流や外界との相互活動を通じて行う学習のあり方を意味し，コミュニケーション力や関係調整能力を高めることを目指している。最後に，「深い学び」とは，習得・活用・探究という一連の学習プロセスに基礎を置く教科や領域における深い考察を意味する。これらの意味するところは，従来いわれてきたA・Lの枠を越えるものであり，学びを学習者の内化，内省まで

深めていこうとする意図が読み取れる。

「学びの共同体」を提唱した佐藤学は，学びとは学習を通じて自己と向き合うこと，他者と向き合うこと，対象（教育内容）と向き合うことを一体的に行う知的作業であるといっている[2]。佐藤は文部科学省の施策に対しては健全な批判者としての立場に立つ有為な研究者である。しかし，筆者は，今次改訂で示されたＡ・Ｌの規定と佐藤の学びの理論は，通奏低音のレベルで一致していると考える。両者の考えがこのように一致した背景として，教育行政レベルでも研究者レベルでも，現在の学校教育に対して抱く危機感を共有していることが指摘できよう。また，このことは，今日の学校教育をめぐる状況の深刻さを示すものでもあるといえる。

これまでの議論を整理するならば，「主体的な学び」は学習への主体的な関わりを通じて，また「対話的な学び」は他者や社会との関わりを通じて，そして「深い学び」は教科・科目（内容世界）に対する探究という学びを通じて，学習者自身が自己の変革を目指していく学習のことである。そのため，今次改訂で示されたＡ・Ｌは学習方法の改善という枠内に収まるものではなく，学習者が学びを通じて自己の成長へつなげていく役割が期待されるものでなければならない。Ａ・Ｌは単に受動的学習から能動的学習への学習方法の転換を意味するだけでなく，学習者自身の生涯学習体系を見据えた成長を支援していくことが期待されているといえよう。

❷ 改訂版ブルーム・タキソノミーを用いた探究の明確化と可視化

筆者は，Ａ・Ｌという学習方法は「主体的な学び」「対話的な学び」「深い学び」の三者が一体的に機能することで初めて意味を持つことになると考える。教師の意識には，生徒が学びの方法（「主体的な学び」や「対話的な学び」に関わる学習上の技能（スキル））を習得できれば，高次の思考（「深い学び」）は自ずと達成できるとする考え方が見られる。しかし，筆者は，たとえ思考操作に熟練しても，「深い学び」には到達しえないと考える。「深い学び」とは教科・科目（内容世界）との対話である。「歴史総合」の学習では，歴史に

関する専門的な知識や概念を理解することが不可欠である。たとえ学習者がその学習に主体的に関わったとしても，またその学びが協働的に組織されたとしても，歴史に関わる具体的な知識や概念の理解と切り離された学びであっては実用性に乏しい。このような学習は，これまで活動主義や道具主義の名で批判されてきたものである。この批判に応えるためには，Ａ・Ｌという学習方法は，内容と方法がそれぞれ有機的関係性を持って一体的に機能することが大切である。とりわけ，学習者には，Ａ・Ｌを構成する三者の中でも「深い学び」が保証されなければならない。

　「歴史総合」や，それを基礎にして学ぶ「日本史探究」「世界史探究」においてＡ・Ｌ型の授業を検討するに際しては，「深い学び」の実現に向けての学習内容の研究と，「主体的な学び」「対話的な学び」を保証するための学習方法の検討を一体的に進めていくことが重要となろう。そのため，Ａ・Ｌ型の授業を設計するにあたっては，三者の活動がカリキュラムに明確に位置付けられることが肝要である。近年，カリキュラムの特徴を分析する方法として，米国の教育心理学者，Ｌ．Ｗ．アンダーソンらが開発した改訂版ブルーム・タキソノミー（以下「ＲＢＴ」と表記する）を用いる方法が着目されている[3]。ＲＢＴ（表１を参照）では，カリキュラムの教育目標を，どのような性格の知識（縦軸：知識次元／内容的局面）の習得を目指しているのか，また，その知識をどのように認知させようとしているのか（横軸：認知過程次元／行動的局面）の二つの局面に分けて，それぞれの局面を検討している。

　ＲＢＴの内容的局面（縦軸）では，知識が内容知の形で表現される「宣言的知識」と，方法知の形で表現される「Ｃ．手続き的知識」，および「Ｄ．メタ認知的知識」の，三つのカテゴリーに分節化される。まず，「宣言的知識」とは，個別・具体的な内容を示す「Ａ．事実的知識」と，より組織化され一般化された「Ｂ．概念的知識」に区別される。次に，「Ｃ．手続き的知識」は，技能や方略に関わる知識である。また，「Ｄ．メタ認知的知識」はＲＢＴに導入された新概念で，自分自身や人間一般の認知過程に関する知識を意味する。「Ｄ．メタ認知的知識」は，他の三つの知識が教科固有のもの

40

表1　改訂版ブルーム・タキソノミーの知識次元と認知過程次元の関係

認知過程　知識	1.記憶する	2.理解する	3.応用する	4.分析する	5.評価する	6.創造する
A．事実的知識						
B．概念的知識						
C．手続き的知識						
D．メタ認知的知識						

出典：石井英真『現代アメリカにおける学力形成論の展開』東信堂，2011年，p.93／▨▨▨部分が探究に該当する。

であるのに対して，教科の枠を超えた横断的・汎用的性格を有している。

　ＲＢＴの「認知過程次元」（横軸）では，学習者が知識をどのように認知しているかに着目して分節化している。そこでは，行動的特徴によって，「1．記憶する」「2．理解する」「3．応用する」「4．分析する」「5．評価する」「6．創造する」の6カテゴリーを設定している。各カテゴリーは，単純なものからより複雑なものへと排列されている。後半の「4．分析する」「5．評価する」「6．創造する」の三つのカテゴリーは，高次の認知過程として位置付けられる。探究はこの段階に該当する活動である。ＲＢＴという分光器を通してカリキュラムを分析するならば，カリキュラムの教育目標では，どのような性格の知識（「知識次元」）の習得を目指しているのか，またその知識をどのように認知させようとしているのか（「認知過程次元」）の，それぞれの局面について可視化できるという特徴を有している。

　学習というものは，たとえ学習者が思考操作に熟練し思考技能を身につけても，それだけでは「深い学び」には到達し得ない。また，学習者がその学習に主体的に参加したとしても，教科・科目に関わる具体的知識の活用と切

第1章　世界と日本を融合する歴史授業デザイン　41

り離されたものには実用性は乏しく，思考力も育成されるものではない。学習は，思考という行為が内容（知識・理解）と方法（思考技能）の両面で有機的関係性を保持しながら機能する必要があり，両者を分断して捉えることはできないし，育成していくことも困難である。

　では，カリキュラムの設計にRBTを用いると，どんな効果が期待できるのか。「歴史総合」の中項目「第一次世界大戦と大衆社会」（大項目Cの(2)）を事例にして検討してみよう。まず，授業の教育目標として「ヴェルサイユ体制の歴史的意義を理解できる」を設定するならば，表2のように「知識次元」では「ヴェルサイユ体制の歴史的意義」を，「認知過程次元」では「（学習者が）理解する」として捉えられる。そして，学習すべき知識の内容（「知識次元」）と，その内容をどのように認知させるのか（「認知過程次元」）が，それぞれ個別に検討されることになる。

　また，表3に示したように，RBTの「知識次元」と「認知過程次元」の間には，「A．事実的知識」と「1．記憶する」のように，親和性を持ったカテゴリー同士の組み合わせを見出すことができる。両者の親和性に着目し，「知識次元」の教育目標として，ウィルソン，塹壕戦，ヴェルサイユ条約などの人名・歴史用語（「A．事実的知識」）を設定するならば，「認知過程次元」の教育目標ではそれらの人名・用語を覚える，暗記する（「1．記憶する」）という認知方法が選択されることになろう。その結果，その授業では歴史知識の伝達が重視され，評価に際してはそれらの知識の記憶（暗記）と再生が学習者に求められることになろう。また，「知識次元」で大衆社会，帝国主義，社会主義などのような概念（「B．概念的知識」）を目標として設定するならば，「認知過程次元」では「2．理解する」という認知方法が選択されることになろう。さらに，『十四か条の平和原則』などの資料（一次資料）を取り上げるならば，「知識次元」では資料を解釈するための技能や方略（「C．手続き的知識」）が設定され，「認知過程次元」では「3．応用する」「4．分析する」という認知方法が選択される必要がある。その結果，授業の教育目標を「知識次元」「認知過程次元」上の枡目に示すことで，授

表2 授業の教育目標における「知識次元」と「認知過程次元」の分節化

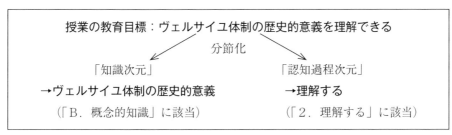

表3 「知識次元」と「認知過程次元」の間に見られるカテゴリー同士の親和関係

```
「知識次元」のカテゴリー         「認知過程次元」のカテゴリー
 A．事実的知識     ――――    1．記憶する
 B．概念的知識     ――――    2．理解する
 C．手続き的知識   ――――    3．応用する    4．分析する
 D．メタ認知的知識 ――――    5．評価する    6．創造する
```

業の目標，内容と方法，評価を一体的に捉えることが可能になる。また，カリキュラムの特徴を類型化したり授業の特徴を可視化したりすることが可能であり，カリキュラム開発者や授業者以外の第三者にもその特徴を明示できる。その結果，本来，大衆社会のような「B．概念的知識」の理解や『十四か条の平和原則』（一次資料，「C．手続き的知識」）の扱いでは，「2．理解する」や「3．応用する」「4．分析する」の認知方法を選択する必要があった。しかし，従前の授業では，一方的な講義と知識の定着を問う試験で評価してきた（「1．記憶する」という認知過程を採っていた）。RBTを用いるならば，このような授業の問題性に気づき改善することが可能になる。RBTは授業の教育目標を知識次元と認知過程次元の双方の局面から検討することで，両者の教育目標を探究という視点から一体的に設計する指標となりうるであろう。

❸ 改訂版ブルーム・タキソノミーとルーブリックを併用した評価法の活用

　比較的低次の認知過程次元を評価するのであれば，多肢選択問題，正誤問題，一問一答形式の問題などの客観テストでも対応可能である。また，知識の定着や習熟の度合いを評価するのであれば，客観テストは容易に数値化できるので有用性が高い。しかし，「深い学び」を核としたＡ・Ｌ型授業は，知識の暗記や再生に適する客観テストで十分にカバーできるものではない。そのため，「３．応用する」や，高次の認知過程次元に位置付けられる「４．分析する」「５．評価する」「６．創造する」のレベルを評価する必要がある。その場合は，ＲＢＴを用いて行うことが有効である。なぜならば，ＲＢＴを用いることで学習者の習得すべき知識の内容と認知方法を，「知識次元」と「認知過程次元」の双方の局面から検討して類型化し，授業の教育目標と評価の内容を一体的に設計することが可能になるからである。

　しかし，高次の認知過程次元の中でも，パフォーマンス課題のようなさまざまなタイプの知識が複雑に交錯する課題においては，生徒の活動は多種多様なものとなる。教育目標と評価を一体的に設計する道具（ツール）であるＲＢＴは，このような課題を評価するには適さない。ルーブリックの作成とそれに基づく質的評価が効果的である。個々の学習の特性に応じて，ＲＢＴとルーブリックを併用して適切に評価していく方法[4]を提案し，本節の結語とする。

（田尻　信壹）

註

(1)溝上慎一『アクティブラーニングと教授学習パラダイムの転換』東信堂，2014年，p.7

(2)佐藤学『教育方法学』岩波書店，1996年，pp.68-69

(3)石井英真『現代アメリカにおける学力形成論の展開』東信堂，2011年，pp.88-133

(4)田尻信壹『探究的世界史学習論研究』風間書房，2017年，pp.180-184

第2章

世界と日本を融合する「歴史総合」授業モデル

1 「歴史総合」指導計画作成の視点と方法
―― 第2章の読解のための総説

1 | 全体計画（年間指導計画）作成の留意点

　「歴史総合」は標準単位数2単位の科目であることから，実質的な年間授業時数を60時間程度と見積もって，全体計画の作成について考えてみよう。
　では，どのように時間を配分すればよいのだろうか。それは，地域や学校・生徒の実態に応じて教師が決定すべき事柄であるが，ここでは一般的な方法を示そう。そこで，まず学習指導要領の内容構成を確認しておきたい。

A　歴史の扉 （約3〜4時間）	(1)歴史と私たち (2)歴史の特質と資料
B　近代化と私たち （約20時間）	(1)近代化への問い (2)結びつく世界と日本の開国 (3)国民国家と明治維新 (4)近代化と現代的な諸課題
C　国際秩序の変化や大衆化と私たち （約20時間）	(1)国際秩序の変化や大衆化への問い (2)第一次世界大戦と大衆社会 (3)経済危機と第二次世界大戦 (4)国際秩序の変化や大衆化と現代的な諸課題
D　グローバル化と私たち （約20時間）	(1)グローバル化への問い (2)冷戦と世界経済 (3)世界秩序の変容と日本 (4)現代的な諸課題の形成と展望

　全体は四つの大項目からなるが，Aは科目の導入的位置付けであり，中項目数も二つと少ない。これに対し，B〜Dはいずれも近現代史の大きな転換

を扱う内容からなっており，中項目数もそれぞれ四と同数である。こうした内容を踏まえると，B・C・Dに各20時間程度を配当して合計60時間，Aは二つの中項目を合わせて３〜４時間というのが妥当なところであろう。

また，B・C・Dの大項目は左のハンバーガー図に示すように，歴史的中身からなる展開単元の(2)(3)を導入単元(1)と終結単元(4)が挟み込む形になっている。(2)と(3)はいずれも二つの理解目標で構成されていることから，ここに多くの時間を割く必要がある。そこで全20時間のうち，各理解目標に４時間を割いて中項目(2)と(3)を各８時間とし，導入単元と終結単元にそれぞれ２時間を充てることとしたい。

- (1)導入（２時間）
- (2)展開（４時間×２）
- (3)展開（４時間×２）
- (4)終結（２時間）

2│科目の導入単元「A　歴史の扉」の指導計画│

　1年の授業をどう始めるかは教師により千差万別だろうが，生徒にとって「歴史総合」が高校で初めて学ぶ歴史科目であること，人類の誕生や古代文明からではなく近代から入ることなどを考慮すると，「歴史の扉」をカットするという選択肢はあり得ない。1で述べたように，各中項目に１〜２時間を割いて，新たな歴史の学びへのスムーズな導入を図りたい。

　歴史の扉をなす「歴史と私たち」と「歴史の特質と資料」は，絶妙な組み合わせといってよかろう。すなわち，ここで学ぶ歴史は私たちと無縁な過去ではない。朝ご飯に何を食べ，どんな学校生活を送り，どんな仕事をして，どんな家庭をつくるか，これらは全て地域や日本，世界とつながる中で歴史的に形成されてきたものである。つまり，歴史を学ぶというのは自己を知り世界を知るためであり，世界を知ることで私たちの社会のありようを見直すためでもあることに気づかせたい。

　だが，自分や家族のことでさえ，時間の経過とともに記憶は不確かになる。まして他者や他地域の過去であれば，アプローチするための手がかりが不可欠である。それが資料に他ならない。日記，手紙，アルバムといった個人的

な記録から，新聞，雑誌，公文書といった社会的な記録，さらに遺物や遺跡まで多様な資料があるが，難しいのはその読解である。同じ資料であっても人により解釈が異なる場合があるし，同じ出来事の記録でも視点や立場の違いで様相が変わってくることが少なくない。だから，歴史家は複数の資料を批判的に吟味して，できるだけ論理的に解釈を導こうとする。そうした歴史の特質に触れることで，正解を覚える歴史学習から，資料読解や歴史の解釈をめぐって議論したりする歴史学習へと生徒の目を転じさせたい。

3 │ 大項目の導入単元「問いを表現する学習」の指導計画 │

　B・C・Dの大項目は，いずれも導入単元として「近代化（国際秩序の変化や大衆化，グローバル化）への問い」を位置付けている。資料の読解を通して，これから学習する近代化（国際秩序の変化や大衆化，グローバル化）への問いを発見・創造するのがねらいである。学習指導要領において，問いを見出すことをねらいとした中項目はこれまでになく，アクティブ・ラーニングや思考力の育成を重視していることの現れといえよう。なぜなら，アクティブ・ラーニングの前提となる内発的動機付けには，学習課題（問い）の把握と学習の見通しが不可欠だからである。

　また，思考の伴わない学習などあり得ないし，そもそも思考とは問いを探究することを意味する。それゆえ，深い学びを生むためにはすぐに答の出ない学習課題を設定し，じっくり調べたり議論させたりすることが必要になる。学習課題を生徒自身に発見・創造させようとするのであれば，なおのこと相応の仕掛けが求められよう。そうした仕掛けの中で，歴史の特質との関連で最も重視したいのが資料の活用である。中学校までの社会科で習得した知識や経験を動員して，近代化・大衆化・グローバル化といった近現代史の大きな転換局面に関する問いを発見させられるかどうか，授業時間は１〜２時間に過ぎないが，そこに「歴史総合」の成否を決める鍵があるといえよう。

4│大項目の展開単元「近現代史の主題学習」の指導計画│

　大項目Ｂ・Ｃ・Ｄの中項目(2)と(3)は，前掲の内容構成を見ればすぐわかるように，近現代史の具体的な展開に関わる内容からなっている。それゆえ，各中項目に８時間ずつ配当したが，中項目には二つの理解目標があるため，この理解目標毎に４時間の小単元指導計画を立てるのが妥当であろう。例えば，大項目Ｃの「(2)第一次世界大戦と大衆社会」は以下のようになる。

取り扱う歴史の内容	理解目標
①第一次世界大戦の展開，日本やアジアの経済成長，ソ連の成立とアメリカの台頭，ナショナリズムの動向と国際連盟の成立など	総力戦と第一次大戦後の国際協調体制（４時間配当）
②大衆の政治参加と女性の地位向上，大正デモクラシーと政党政治，大量消費社会と大衆文化，教育の普及とマスメディアの発達など	大衆社会の形成と社会運動の広がり（４時間配当）

　無論，これは便宜的な単元構成と時間配当であり，実際には教師の裁量による柔軟な単元開発が期待される。ただし，留意すべきは①主題を設定すること，②日本とその他の国や地域の動向と比較したり，関連付けたりすること，③多面的・多角的に考察し，表現すること，の三点である。

　特にこの①は重要である。従前の歴史科目では，通史的指導を中心とする中に主題学習が補助的に位置付けられていたが，「歴史総合」では全てが主題学習で構成されているのである。ただし，中項目(1)で生徒が表現した問いを参照して教師が理解目標に相応しい主題を設定し，生徒が学びの意味を実感できるよう配慮しながら講義する形（有意味受容学習）でよいだろう。それでなければ，実質的な「歴史総合」の指導はできなくなり，最終的に科目の形骸化を招くと考えられるからである。

第2章　世界と日本を融合する「歴史総合」授業モデル　49

5 | 大項目の終結単元「歴史と現代的諸課題」の指導計画 |

　大項目を構成する中項目のうち，Bの「(4)近代化と現代的な諸課題」及び
Cの「(4)国際秩序の変化や大衆化と現代的な諸課題」はいずれも大項目のま
とめとなる単元である。Dの(4)も同様だが，これについては科目全体のまと
めをも意味するところから，次の項で取り上げることにしたい。

　さて，この終結単元の指導計画作成についてはどうすればよいだろうか。
予定される充当時間は２時間である。「主題を設定し，諸資料を活用して，
追究したり解決したりする活動」を重視するという点では他と変わらない。
留意すべきは，それまでの学習を踏まえ，「自由・制限，平等・格差，開
発・保全，統合・分化，対立・協調などの観点」から主題を設定し，「現代
的な諸課題の形成に関わる」近現代の歴史を考察することである。

　では，これらの観点の意義や活用法についてはどう捉えるべきか。まず，
それと明言されているわけではないが，自由・制限は政治，平等・格差は経
済，開発・保全は環境，統合・分化は社会や文化，対立・協調は国際関係に
関わる観点であると捉えられる。いずれも近現代史にアプローチするための
大きな枠組みといってよい。次に，それらの枠組みが二項対立の図式で示さ
れているのも見ての通りである。活用法については，対立する「二つの要素
のどちらかのみに着目することのないよう留意すること」（内容の取扱い）
と記され，『解説』には具体的な問いの事例が示されているものの，それが
観点をどう具体化したものかは必ずしも判然としない。

　私見では，観点を二項対立的に示したのは，問題の所在を明確化し，生徒
同士の議論や討論を促すためである。例えば，近代の移民の歴史を踏まえ，
少子高齢化の著しい日本の未来について考察するとしよう。その際，「持続
可能な社会を実現するにはどうすればよいか」といった問いよりも，「労働
力確保のために外国人労働者を受け入れるべきか否か」という問いの方が，
学習の活性化を促すのではないか。勿論，現実には合意点を探るしかないの
だが，学習の仕掛けとして二項対立的な観点の活用も考えられよう。

6 ｜科目の終結単元「現代的な諸課題の形成と展望」の指導計画｜

　大項目Ｄの「(4)現代的な諸課題の形成と展望」の扱いは，基本的に前項で考察したＢやＣの(4)と変わらない。最も大きな違いは，Ｂ・Ｃでは主題の設定や資料の準備を原則的に教師が行うのに対し，科目のまとめに位置付く本単元では，生徒各自が主題を設定して探究する学習が想定されていることである。だとすれば，配当時間が２時間ではとても無理だと思われるかもしれない。何度も述べるが，時間はあくまで目安に過ぎない。それぞれの学校でもっと時間が確保できるのなら，相応の時間を割り当てればよい。

　ただし，通常の高校を想定すれば，２単位科目の最終単元ではせいぜい２時間が確保できればよしとすべきだろう。１時間目に科目の学習を振り返り，探究してみたい主題を問いの形で表現させる。並行して，探究の基本的パターンを紹介するのもよいかもしれない。『解説』には，①主題の設定と学習上の課題（問い）の表現，②資料の収集・分析，③考察・構想，④まとめ・表現，⑤学習の振り返り，という学習指導の展開例が示されている。

　次に，２時間目には問いを２～３の小さな問いに区分させ，それらの問いに応じた資料を教科書や資料集等で検索し，結論に向けて一定の見通しを立てさせる。時間や環境が許せば，図書館やインターネットを活用した資料の収集も考えられる。

　その後については，放課後や家庭での学習を通して報告書にまとめさせ，期限までに提出させたい。１～２枚のポスターにして，教室の掲示板や廊下の壁面などに展示するのもよかろう。いずれにしても，成果については正当に評価して，学習成績に反映させることが必要である。

（原田　智仁）

第２章　世界と日本を融合する「歴史総合」授業モデル　51

2 「歴史の扉」の教材と授業モデル

① 歴史と私たち
──現在と過去につながりを見出す学習

> **Point** ★ 授業のポイント
>
> ・身のまわりの事象を取り上げ,歴史的な成り立ちについて問うこと。
> ・その事象の成り立ちについて,中学校での既習知識を活用し,近現代の歴史の変化と結びつけて考えられるようにすること。
> ・そのような学習活動を通して,現在の生活が歴史的にうみだされてきたものであることを具体的事象の成り立ちに即してイメージできるようにすること。

1 │「歴史と私たち」の扱い方・教え方│

　「(1)歴史と私たち」は,「(2)歴史の特質と資料」とともに,大項目「A　歴史の扉」に位置付けられている。(1)と(2)では歴史という同じ言葉が用いられているものの,その意味合いは異なる。(1)では,「過去の事柄」,すなわち,過去において起こったことを,(2)では,「過去の事柄についての叙述」,すなわち,現在において為すことやつくるものを指している[1]。現代的な諸課題の歴史的形成に関わる近現代の大きな変化について生徒自身が考察・表現する歴史総合の学習をスタートさせるため,二つの歴史と自らの関係を生徒に意識させることで「歴史の扉」を開かせようと考えられている。

その中でも「(1)歴史と私たち」は最初の項目であり，中学校での「我が国の歴史の大きな流れ」の学習からの橋渡しを担う。その主眼は，生徒が現在の有り様と此所や他所の過去とにつながりを見出し，現在を見つめ直すために過去に遡る歴史的なアプローチの意味に気づくことである。諸課題の形成に関わる近現代の個々の変化について取り扱う大項目Ｂ〜Ｄの学習に向け，まずは自らの生活と過去の社会とのつながりについて考えさせる。また，それを通して近現代の大きな変化について意識させる。そうして，これから始める歴史総合の学習を生徒が見通せるようにしようと意図されている。

　そのようなねらいに基づけば，この項目の学習指導で重要なことは，生徒の身のまわりの事象を取り上げ，歴史的な成り立ちについて問うこと，その事象の成り立ちについて，中学校での既習知識を活用し，近代化，国際秩序の変化や大衆化，グローバル化などの変化と結びつけて考えられるようにすること，そうして，現在の生活が歴史的にうみだされてきたものであることを具体的事象の成り立ちに即してイメージできるようにすることである。

2│「歴史と私たち」の教材研究と授業化の方向性│

　そのために教材とする身のまわりの事象の選択基準は，生徒が日本内外の過去とのつながりを端的に読み取れること，特に，近代化をはじめとする近現代の大きな変化との関わりが見えやすいこと，また，生徒がその存在を疑うことなく当然視するほどに身近であることなどである。『高等学校学習指導要領解説 地理歴史編』では，「生活における時間規律，身の回りの菓子や料理，地域の産業や交通，地域の祭りや行事，就職や受験，新聞やテレビ，遊びやスポーツ」[2]が例示されている。その他にも，服装，言葉，性役割，クリスマス，買い物，電話，学校の教科，紀年法，祝日など，さまざまな事象が候補となりうる。そうした身のまわりの事象の取り扱いには二通りの方法が考えられよう。

　その一つは，複数の事象を取り上げ，各々をどれかの変化と関連付けるものである。大きな変化のそれぞれとの関連性を読み取りやすい事象を教材と

する。個々の事象の成り立ちについて取り組む過程として授業を進め，個々の事象ごとに，大きな変化との関連性を見出す学習活動を生徒に求める。例えば，「地域の人口や学校の規模の動態などを近代化と関連付けて扱ったり，地域に残る記念碑や，地域の情報伝達の手段の歴史的な変化などを国際秩序の変化や大衆化と関連付けて扱ったり，日用品の生産国の変化や外国語教育の重視などをグローバル化と関連付けて扱ったりすること」[3]である。

　もう一つは，事象を一つに限定し，それをどの変化とも関連付けるものである。大きな変化のどれとも関連性を読み取りやすい一つの事象を教材とする。その事象の成り立ちの諸局面について取り組む過程として授業を進め，それぞれの局面ごとに，大きな変化との関連性を見出す学習活動を生徒に求める。例えば，洋服（洋装）について取り上げ，近代化をはじめとする近現代の変化との関連性を捉えさせる授業が考えられる。教科書には現在までのさまざまな服装をした人たちの絵や写真が掲載されているため，教科書を中心資料にして生徒に取り組ませることもできる。歴史総合の教科書だけでなく，中学校で使った教科書も用いれば，生徒は中学校での歴史学習を振り返るとともに，これからスタートする歴史総合の内容に触れることができるだろう。

3 ｜「歴史と私たち」の授業事例
――「洋服の始まりと広まり」の場合｜

　生徒が洋服の始まりと広まりについて取り組む授業事例を紹介しよう[4]。

(1)　単元目標
　単元目標は，洋服の始まりと広まりについて考察し，近代化，国際秩序の変化や大衆化，グローバル化との関連性に気づくこと，服装という身のまわりの事象を歴史的にうみだされてきたものとして捉え，現在と過去につながりを見出すことである。

(2) 単元指導計画

　この単元では，「日本における洋服の始まりや広まりの背景には何があったのだろうか」を学習課題とし，課題の設定・追究・解決の過程として授業を展開する。そのために2時間を充てる。学習課題の追究において，第1時では，洋服の始まりについて扱い，第2時では，洋服の広まりについて扱う。

(3) 第1時の授業内容と展開

　第1時では，学習課題を設定し，その追究を開始する。まず，教科書で洋服を着た人たちの絵や写真を探させ，開港以降における洋服の始まりや広まりについての気づきを列挙させる。そうして，「日本における洋服の始まりや広まりの背景には何があったのだろうか」という学習課題を設定する。その上で，中学校での既習知識を活用する課題追究を始め，本時冒頭での洋服の始まりについての生徒の気づきを取り上げ，明治時代における洋服の政策的導入の理由を考えさせ，近代化という背景に気づけるようにする。

〔学習課題の設定〕
・洋服とは何ですか。(高校の制服も洋服の一種ですが) 日本ではいつ頃から洋服が着られていると思いますか。江戸時代にオランダから取り入れられたのでしょうか。
・教科書で，洋服を着た日本の人たちの絵や写真を探し，それらのいろいろな時代の絵や写真から気づいたことを挙げてみましょう。
・和服という言葉はいつ頃生まれたと思いますか。和服という言葉は実は日本で洋服が取り入れられてから生まれた言葉なのですが，それでは日本では何をきっかけに，いつ頃から洋服が着られるようになったのでしょうか。
・明治時代に一部の人たちに取り入れられた洋服は，いつ頃から一般の人たちに広まり始め，さらにいつ頃から殆どの人たちが着るようになりましたか。

◎日本における洋服の始まりや広まりの背景には何があったのだろうか。(学習課題)

〔学習課題の追究1〕
・明治時代，庶民は殆ど洋服を着ていないのに，軍人や政治家・役人が武士の装いや中国に由来する公家の装いではなく洋服を着るようになった理由は何でしょうか。単に洋服を買えるお金を持っていたからなのでしょうか。
・鉄道員や郵便配達夫，教師なども洋服を着ることになった理由は何でしょうか。また，男子学生のつめ襟の制服がつくられた理由は何でしょうか。
・鹿鳴館の夜会の絵や大日本帝国憲法の発布式の絵を見ると女性も洋服を着ていますが，

第2章　世界と日本を融合する「歴史総合」授業モデル　55

次第に上流階級の女性も洋服を着ることになった理由は何でしょうか。
・明治天皇の公の場の服装として洋服が採用されましたが，束帯は残されたのはどうして
でしょうか。

○明治時代に洋服が取り入れられる背景には，どんな大きな変化があったのでしょうか。

⑷ 第2時の授業内容と展開

　第2時では，学習課題の追究を続行し，課題を解決する。前時冒頭における洋服の広まりについての生徒の気づきを取り上げ，大正時代から昭和時代前期の都市で働く人たちへの洋服の普及や女性の洋服の変化，戦時の国民服の制定などの理由を考えさせ，近代化とともに，国際秩序の変化や大衆化という背景に気づけるようにする。また，昭和時代後期以降における洋服の一層の普及，衣料の輸入増加などの理由を考えさせ，近代化，国際秩序の変化や大衆化とともに，グローバル化という背景に気づけるようにする。そうして最後，学習課題に答えさせ，学習を振り返らせ，今後の学習を動機付ける。

〔学習課題の追究2〕
・大正時代に女性の洋服がシンプルなものになったのはどうしてでしょうか。ヨーロッパ
　で女性のコルセットが廃止されたことが一因ですが，当時のヨーロッパで女性の服装が
　動きやすいものに変化したことはどんな出来事と関係しているでしょうか。
・大正時代からは都市で働くサラリーマンや職業婦人にも洋服が広まっていきましたが，
　それは当時の都市のどんな暮らしと結びついていたでしょうか。
・大正時代の終わり頃から，元はイギリスの水兵服であったセーラー服などの洋服が女子
　学生の制服として採用されたのには，どういう訳があったのでしょうか。
・1940年代前半には国民服や婦人標準服が定められましたが，それらはどのようなもので
　あり，この時期にこういった政策がとられた理由は何でしょうか。

○大正時代から昭和時代前期に洋服が広まっていく背景には，どんな大きな変化があっ
　たのでしょうか。

〔学習課題の追究3〕
・1970年代までに殆どの人が洋服を着るようになったように，戦後の人々の生活は洋風化
　していきましたが，それはどうして可能になったのでしょうか。
・皆さんが普段着ている服はどこでつくられたものですか。ファストファッションをはじ
　め，多くの衣料が輸入されるようになったことは，世界とその中の日本の経済のどうい
　う移り変わりと結びついているでしょうか。

- 世界の多くの地域で洋服が着られるようになったことは，何を意味するでしょうか。一方，日本では今でも晴れ着として和服が着られるのは，どういう訳でしょうか。

○近年では大量の衣料品の廃棄が環境問題として指摘されるほどですが，昭和時代後期以降，洋服が普及していく背景には，どんな大きな変化があったのでしょうか。

〔学習課題の解決〕

◎日本における洋服の始まりや広まりの背景には何があったのだろうか。（学習課題）

- 服装という身のまわりの事象についてのあなたの見方はどう変わりましたか。その見方をもとに現在のどんな事柄について考察してみたいと思いますか。
- 近代化，国際秩序の変化や大衆化，グローバル化という近現代の大きな変化は，その他の現在の事柄とも結びついているか，どう結びついているのか，これからの学習を通して探っていきましょう。

(5) 評価のポイントと方法

　身のまわりのどういう事象を教材として取り上げるとしても，その事象に対する生徒の見方が授業の前後で変わったか，どう変わったかを確かめる必要がある。ポイントは，歴史的にうみだされたものと捉えられるようになったか，近代化などの変化とどの程度関連付けられているか，他の事象にも新たな見方を広げてみようとしているかなどである。生徒自身に文章や図などで学習課題に答えさせることは勿論，「服装という身のまわりの事象についてのあなたの見方はどう変わりましたか。その見方をもとに現在のどんな事柄について考察してみたいと思いますか」などと問い，選択肢から選ばせたり，自由に記述させたりすることも，有効な手法であろう。　　　（服部　一秀）

註

(1)文部科学省『高等学校学習指導要領解説　地理歴史編』2018年，p.138

(2)，(3)同上書，p.136

(4)難波知子著，増田美子監修『ビジュアル日本の服装の歴史　③明治時代～現代』ゆまに書房，2018年／増田美子編『日本服飾史』東京堂出版，2013年／佐藤泰子『日本服装史』建帛社，1992年などを参考にして作成。

❷ 歴史の特質と資料
――「歴史」を描く活動を始める前の準備運動

> **Point ★ 授業のポイント**
>
> ・情報を基に歴史を表現する活動を通して歴史の特質に気づくようにする。

1 │「歴史の特質と資料」の扱い方・教え方│

　大項目 A「(2)歴史の特質と資料」は,「資料から読み取った情報の意味や意義,特色などを考察し表現することにより,資料に基づいて歴史が叙述されていることを理解すること,資料を取り扱う際の留意点に気付くこと」が主なねらいである。

　「歴史」には,過去の「事実」という意味とその後それを誰かが叙述した「作品」という二つの意味がある。このうち前者は,すでに長い時間が経過してしまっているため,直接的に確かめることができない。そのため,私たちは,残された資料から再現して確かめる。したがって,「歴史」とは,誰かによって再現された「作品」という意味が強いといえる。「歴史の特質と資料」は,この「作品」としての歴史を理解するための学習が期待される項目である。過去の再現手段としては,絵画や小説,映画やテレビドラマもあるが,その正確性においては,歴史家による歴史書が最も信頼されている。なぜなら,多くの人々が,歴史家には資料の信憑性を検証する技能とともに,さまざまな見方も踏まえて論理的に叙述できる表現力があると思っているからである。人々のこのような歴史家への信頼は,歴史家が歴史を叙述する過程を理解した上での信頼であることが大切である。「私たちは,なぜ歴史家

の叙述を信じることができるのだろうか」，また，「歴史家は，どのような過程で歴史を叙述しているのだろうか」などの問いは，作品としての歴史を学習する時に基礎となる。その際，生徒たちが歴史家として歴史叙述に取り組む，つまり「歴史家体験」は，生徒自らが歴史を書く活動であり，生徒たちにとって有効な学習方法と考えられる。

　「歴史総合」という新科目は，教師が決めた正しい解答を生徒たちに覚えさせるための科目なのか，生徒たち自身が，未来創造のために過去を再構成して，それを基に今の問題に対する自分自身の考えをつくるための科目なのか，どちらの科目と考えるかが実践する上で重要である。後者に立てば，「歴史総合」は，現代社会の仕組みと課題を歴史的に考察する役割を持つ科目となる。中学校社会科公民的分野の学習の後で高等学校の最初に行われる学習として，小学校や中学校で学習されてきた「歴史」とは異なる歴史学習としての役割も明確になるだろう。その活動の基本要素を以下に紹介する。

2 ｜「歴史の特質と資料」の教材研究と授業化の方向性｜

　「歴史」を後世の誰かが叙述した「作品」とすれば，それが意図的か否かは別として，その「作品」の中には，作者の「立場」が入り込んでいる。それに加えて，現代の私たちが過去を叙述する時には，過去の人々と異なる現代の「立場」（＝価値）も加わる。例えば，近代において女性の社会的役割が変化したことについて，それを「女性の地位が向上した」という場合，それは，男女同権という現代の価値からの歴史叙述であるといえる。男性同様の社会的活躍をする女性に対して，当時の人々の多くが「けしからん」「嘆かわしい」などと考えていたとしても，今叙述される「歴史」では，進歩的な女性として評価される。過去と異なる価値観で叙述される「歴史」のこのような特質も，基本的な学習内容と考えられる。

　例えば，日本の高度経済成長期には家庭電化製品が普及し，それが家事労働時間を短縮させたことによって，女性の社会進出がいっそう進んだことは周知のことである。果たして，この認識は充分だろうか。この場合，それ以

前の家事労働としてどのような仕事があり，誰がどのように行っていたかという実態とともに，家事労働を女性に担わせることが当時の社会常識だったことを理解しておく必要がある。つまり，なぜ女性と男性が家事労働を対等にシェアすることが必要なのか，家事労働に関する考え方で過去と現在とで大きく異なる点は何かなどの問いから，現在と異なる過去の人々の常識に気づかせることが必要になる。近代社会は，前の時代の常識を変えていったが，それは現在も進行形である。現在の日本で，男性の家事労働時間が次第に増加しているとはいえ，家事労働は主に女性が担うという社会常識自体が変化しない限り，根本的な社会変化にはつながらない。単に家庭電化製品が普及するだけでは，家事労働の手段は変化したとしても，「女性が家庭電化製品を使って家事労働する」という形で，従来の常識を無批判に継承することにつながるからである。この事例のように，現在の私たちは，新たな価値観＝常識を創造する主体（主権者）としての立場から，過去を相対化する役割とその能力が必要とされている。

3 │「歴史の特質と資料」の授業事例
──単元「教科書から描く多様な歴史」│

⑴ 単元目標
　資料を基に歴史を叙述する活動を通じて，歴史が資料によって叙述されること，複数の異なる歴史が叙述されることを理解する。

⑵ 単元の指導計画
　生徒の習熟状況を踏まえて1〜2時間で以下の活動を行う。

⑶ 授業内容と展開
【生徒の活動】
ステップ1：過去を伝える
①教科書の中から気になる写真や図，地図を一つ探し，その資料が何に関す

る資料か，本文中に関係する記述を探し線で結ぶ（教科書の全ての章から
でもよいし，任意に一つの章を指定してもよい）。
②その当時の新聞記者になったと仮定して，①で見つけた資料に関する記事
を以下の手順で200～400字で書く。
　a）資料は当時のものか後に作られたものか，根拠を示して判断する。
　b）資料が最も関わる歴史的出来事とその説明を教科書から抜き出す。
　c）当時の人々に知らせる前提で，仮の見出しを考える。
　d）c）で考えた見出しにそって記事を書くための情報を収集し整理する。
　・いつの出来事か，その頃日本や世界はどのような様子だったか年表や教
　　科書などで調べ，略年表と情報メモ（取材メモ）を作る。
　・その出来事がその前と異なる点があるかないか比較し，その出来事が当
　　時の人々にとってどのような重要な出来事だったか，予想をいくつか箇
　　条書きで書き出してみる。
　e）記事を書く。
③書いた記事について，次の視点から校正する。
　・年代や関係する人物名など出来事を正確に伝えているか。
　・その前に起きた出来事との因果関係が正確に伝えられているか。
　・当時の人々の意識や考えが伝えられているか。
　・その出来事が人々にどのような影響を与えたのか述べられているか。
④③の活動によって不足していることが明らかになった情報を書き加える。
⑤見出しや，写真や図などを加えて記事を完成させる。自分が伝えたいこと，
つまり重要だと考えたことが伝えられているかどうか確認する。

ステップ２：異なる歴史
①ステップ１で書いた記事をペアやグループで読み合う（順番に読み上げて
もよい）。
②ペアやグループで同じ出来事について記事を書いたか，それとも別の出来
事か確認する。同じ出来事でも同じことが書かれているか，異なるか確認

する（クラスで多くの生徒が選んだ出来事は何か，最も少ない出来事は何か，黒板に書き出すなどさせて確認してもよい）。

③なぜ，同じ教科書を資料として用いているのに異なる出来事が伝えられるのか，同じ叙述でなくてよいのか。叙述が多様になる理由を対話する。

④生徒各自が書いた「当時の記者の視点からの記事」が妥当かどうか検討する。当時の人々の意識がわかるように叙述しているか，現在の私たちとは異なる価値観ではなかったか推理する。自信がない点，気がかりな点，判断に迷う点などをグループやクラスで出し合い，検討する。結論は出なくてよい。今後の学習へ興味を高めることがポイントである。

⑤生徒各自で，学習の振り返りを書く。振り返りは，ペアやグループで報告し，相互にアドバイスする。

　以上のように，この活動は，その時代の人々の視点から過去を叙述する活動である。当時の人々の意識や考えを推理することは難しいが，それが歴史家体験の核心である。歴史的事実から因果関係を論理的に推理し，過去の出来事が当時の人々に与えた影響を明らかにすることで，現在の視点から単純に見ることでは理解できない「異文化としての過去」を読み解く能力を高めることができる。生徒自身が選んだ資料について，彼らがICTを活用して調べたり，図書館資料の活用を図るため，図書館で授業を行うことも考えられる。また，過去を歴史として叙述することは，個人の日記と違い，他者（読者）を想定して叙述することが前提となる。そのため，歴史学習は，個人学習でなく，ペアやグループやクラス全体での対話が繰り返される学習活動になる。多くの人に共有されるように歴史を叙述することの難しさにも気づかせたい。

⑷　評価のポイントと方法

　生徒自身に疑問を調べる機会を与えると，主体的に調べ，それを根拠としてより豊かな歴史叙述に取り組もうとする姿を見ることができるだろう。

「歴史総合」が，資料を基に主体的に学習することを前提とした科目であることを生徒たちに理解させることにもなる。歴史を自ら叙述していくことに習熟させるため，今後，繰り返し何度も活動させることになるが，それを前提とした評価を行うことが重要である。本単元は，科目の導入としての役割が大きいので，１～２時間程度の短い単元であるが，総括的評価でなく，形成的評価として評価することがポイントとなる。形成的評価は，今後の成果をよりよくするため，現在どこまでできるようになっているか，これからどこをどのように改善するとよいかなど，活動の方向を定めるための評価である。できたかできなかったかという視点から最終成果を判定する評価ではないので，生徒の主体的な学びへの支援効果が高い方法である。前記の授業のステップ１③やステップ２④の活動がその役割を持つ活動である。ステップ２④は，オープンエンドになるが，今後の学習への導入となるのである。

　なお，今回の学習指導要領から，評価の観点が４観点から３観点に変わる。「知識・技能」「思考・判断・表現」「主体的に学習に取り組む態度」の三つである。この中の「主体的に学習に取り組む態度」は，個人の主体性を伸ばすための観点なので，それを評価するための資料として，生徒一人ひとりに学習の振り返りを文章で書き残させることが，今も多くの学校で行われている。その際，授業の様子を第三者的に述べる文章ではなく，主語が「私は」ではじまるような文章で叙述することが，それ以降の学習を深化させる。つまり，その生徒自身の疑問や，新しい発見，あるいは他の生徒の意見を参考にしつつ，自分自身で考え取り組んだ学習への自己評価を残すことが，自分自身の課題を持ちながら，次の学習ステップへ向かう主体性を高めていくと考えられる。現在の視点から過去をどのように評価するかという，過去を相対化するもう一つの重要な課題も，その後の学習で深められよう。生徒たち自身の生き方の根拠となる新しい「歴史」が，中学校までの学習の発展としての「歴史総合」の授業を通じて，生徒たち自身によって描かれることになるだろう。

（土屋　武志）

第2章　世界と日本を融合する「歴史総合」授業モデル　63

3 「近代化と私たち」の教材と授業モデル

① 近代化への問い
―― 問いの探究学習
～単元「権利について問いをつくろう」を事例にして～

Point ★ 授業のポイント

- 問いを表現する学習は問いの探究学習として組織する。それは，生徒が問いを作成することについて段階的・向上的に探究する学習である。
- 生徒が素朴な問いからテーマ・概念に関する問い，さらに，テーマ・概念を相対化，批判化する問いを作成できるように，探究の道筋を構築する。
- 評価規準を作成・活用することで，生徒と生徒，生徒と教師が協力して，問いをブラッシュアップできるようにする。

1 「近代化への問い」の扱い方・教え方

　問いを表現する学習のポイントは二つある。一つは，生徒に提示する資料である。学習指導要領は世界史・日本史的内容にかかわらず，交易と貿易，産業と人口，権利意識と政治参加や国民の義務などのテーマ・概念に関する資料を活用することを求めている。同時に，中学校の内容と「A　歴史の扉」の学習を踏まえることに言及している。そのため特に中学校の学習と関連付けた資料が必要となる。もう一つは，資料に起因する驚きや素朴な問いを大切にしながらも，学習指導要領(2)(3)及び(4)の学習内容への課題意識につ

ながるように指導することを求めている。つまり，素朴な問いを近代化に結びつく問いや今を生きる「私たち」に結びつく問いへと向上させる，問いの探究学習を組織することを求めているのである。

2 │ 単元「権利について問いをつくろう」の 教材研究と授業化の方向性│

本単元は，問いの探究学習を組織するために，素朴な問いからテーマ・概念に関する問い，さらに，テーマ・概念を相対化，批判化する問いを作成するように，段階的に向上する道筋を構築している。

第1段階：資料に関する素朴な問いの作成
(1)教師の問い：**運動会**として不思議な点はないか
(2)生徒の問い：生徒の疑問から最初の素朴な問い（質問）をつくる

第2段階：テーマ・概念に関する問いの作成
(1)教師の問い：運動会で**自由**という言葉が強調されたのはなぜだろう
(2)教師と生徒が探究して獲得する知識
　①自由は人々にとって明確なものではなく，保障されていたものでもなかった
　②自由を強調することで，人々の自由を実現したり保障しようとした
(3)生徒の新しい問い：教師と探究した知識を踏まえて問い（質問）をつくる
(4)問いのブラッシュアップ：班でお互いに考えた問いを紹介し合う

第3段階：テーマ・概念を相対化・批判化する問いの作成
(1)教師の問い：私たちが自由を当然の**権利**としてイメージしているのはなぜだろう
(2)教師と生徒が探究して獲得する知識
　①自由は，誰かによって強調されたりイメージ化されたりして，憲法や法律により私たちの権利の一つとして保障された
　②一方で，自由を強調・イメージ化させたり，憲法・法律を制定した人にとって都合のいい自由を権利とした可能性もある
(3)生徒の最終的な問い：教師と探究した知識を踏まえて最終的な問いをつくる
(4)問いのブラッシュアップ：評価規準に基づく自己評価・他者評価を実施し，さらに自己の最終的な問いを高める

第1段階は，資料に関する素朴な問いを作成する段階である。ここでは自由民権運動が各条例によって演説などの活動が困難となり，各地で運動会を実施したことを教材にする。民権派の運動会は，自由の強調とともに政府批判の場であった。綱引きなどの競技でも民権派と政府側に分かれ，民権派が

勝利するまで繰り返し行われることもあった。教師の問い「運動会として不思議な点はないか」により，民権派の運動会と現在の運動会を比べて，生徒が運動会に関する素朴な問いをつくれるようにする。

　第2段階は，テーマ・概念に関する問いを作成する段階である。教師の問い「運動会で自由という言葉が強調されたのはなぜだろう」により，自由について教師と生徒が探究する。生徒は，自由を強調することで，人々の自由を実現・保障しようとしたという知識を獲得し，改めて問いとその問いにした理由を考える。また，ここでは，つくった問いを班で紹介し合うことで，問いのブラッシュアップを目指す。

　第3段階は，テーマ・概念を相対化・批判化する問いを作成する段階である。教師の問い「私たちが自由を当然の権利としてイメージしているのはなぜだろう」により，権利について教師と生徒が探究する。生徒は，憲法や法律により自由が私たちの権利として保障されたが，他者の都合のいい自由を権利とした可能性があるという知識を獲得し，最終的な問いとその問いにした理由を考える。最後に，生徒は評価規準に基づく自己評価・他者評価を行い，その結果を踏まえて最終的な問いをブラッシュアップする。

3 ｜ 単元「権利について問いをつくろう」の授業事例 ｜

(1)　単元目標
①資料から自由や権利に関する情報を抽出分析し，まとめることができる。
②自由や権利に関する問いに留まらず，自由・権利を批判的に探究しようとする問いを作成する。

(2)　単元指導計画
第1時前半「運動会に関する問いをつくろう」
第1時後半「自由に関する問いをつくろう」
第2時前半「権利に関する問いをつくろう」
第2時後半「問いをブラッシュアップしよう」

(3) 授業内容と展開

　本単元は，2019年6月に東京都立六本木高等学校（定時制）の駒田芳基先生に世界史Aクラス（17名）の投げ入れ単元として実践してもらった。

　第1時前半では，教師が「運動会として不思議な点はないか」と発問し，資料1を参考にして，資料2の今の運動会の絵にその違いを加筆させた。その上で，不思議に思ったことを生徒同士で確認した。特に疑問に思ったことを問いとして表現させた。「なんでお酒を飲んでいたのか」「なぜ，数千人の人が集まるのか」という問いだけでなく，「なぜ提灯に自由燈と書いたのか」のような問いをつくった生徒もいた。そこで，「自由」を視点にして自分たちがつくった問いを探究していくことを伝えた。

資料1　明治時代の運動会!?

　会場の草原には「大運動会」，「天賦の人権を伸暢し」，「東北の改良を拡張す」と大書した幟（はた）が建てられ，さらに赤地に白で「自由燈」という字を染め抜いた無数の提灯が懸（か）け連ねられて雰囲気を盛り上げていた。やがて百数十人の「壮士」たちが集い来たり，草の上に腰を下ろして，空き樽にうずたかく積み上げた芋の煮付けを肴（さかな）に大いに酒を飲みはじめる。会の首唱者が，小高い丘の上に登って開催の趣旨を演説し，次いで列座した「壮士」たちも代わる代わる立って演説を行なう。（中略）この賑やかさに，往来の通行人や旅人たちもひとめ見ようとわざわざ道を変更して見物にやって来るほどである。そのため，開会して二時間ばかりたった午後六時頃には，人数がふくれあがって聴衆は数千人にもなる。演説者たちは，飲んで景気をつけては丘にのぼって熱弁をふるい，しゃべり終わって丘を下りるとまた酒を飲み，ますます会はにぎわっていく。宴も酣（たけなわ）の頃，あらかじめ用意してあった大きな綱が原っぱへと引き出され，「壮士」たちは一同座をたって南北に分かれ，綱の両端に取りかかる。そして，一斉に力を入れて引き合ったところ，突然綱が切れて皆が尻もちをついてしまう。そこで綱を強くするために二本合わせて引いたところ，それでも綱が切れてしまう。とうとう三本より合わせて引くことになったときには，それまで傍観していただけの野次馬たちも興に乗って綱引きに参加し，数百人掛かりの大綱引きになったという。

（木村直恵『〈青年〉の誕生　明治日本における政治的実践の転換』新曜社，1998年，pp.72-73,に読みがなを加えた）

　第1時後半では，教師が「運動会で自由という言葉が強調されたのはなぜだろう」と発問し，生徒に考えさせた。生徒は「束縛されていたから」「自由という概念がなかった」のように答えた。そこで，自由と刺繍された人形，自由亭と書かれた岡持，資料3などを提示し明治時代には自由という言葉自

第2章　世界と日本を融合する「歴史総合」授業モデル　67

体が目新しさを感じさせるものであったことや，自由が十分保障されていなかったために，自由を強調し実現しようとした人々がいたことなどを考察させた。また，自由が強調されたのは日本だけではなく，19世紀のフランスでは自由をイメージ化して，女性（自由の女神）として

資料2　運動会の絵（筆者作成）

示したり，フリジア帽を自由の象徴としたりしたこと，資料4のように，その帽子を引っかけた木を自由の木と称し各地に植えたりしたことなどを考察させ，フランスでも自由を実現するために，自由が強調されていたことを認識させた。まとめとして，運動会で自由を強調したのも自由を実現しようとする自由の杯や自由の木と同様の試みであり，①自由は人々にとって明確なものでもなく，保障されていたものでもなかった，②自由を強調することで，人々の自由を実現したり保障しようとしたことを説明した。その後改めて，生徒に問いをつくらせた。また，つくった問いを班で紹介し合う活動を通して，再度，自分の問いを検討させた。「運動会で酒を飲んで演説する意

資料3　自由の盃

（深沢家所蔵・
自由民権資料館提供）

資料4　自由の木

(https://www.akg-images.de/archive/
-2UMDHUW8DYC7.html)

味は？」のように資料に依然として基づく問いがあったが，「なぜ，運動会を使って壮士たちは自由を主張する演説会を行ったのか」のような問いをつくった生徒もいた。一方で，自由の実現・保障などから自分たちの「権利」に連関させて問いをつくった生徒はいなかった。そこで，各自の問いを「権利」を視点に探究することを伝えた。

第2時前半では，私たちが日常生活で保障されている自由を自覚させた後に，「私たちが自由を当然の権利としてイメージしているのはなぜだろう」と発問し，生徒に考えさせた。生徒は，「争いがないから」「人々は平等であり，誰でも人権はあるから」のように答えた。そこで，自由を私たちの権利として実現・保障しているのが憲法や法律であること，憲法や法律で定められた権利は政治家や学者などが選んでいることなどを検討させ，①自由は，誰かによって強調されたりイメージ化されたりして，憲法や法律により私たちの権利の一つとして保障された，②一方で，自由を強調・イメージ化させたり，憲法・法律を制定した人にとって都合のいい自由を権利とした可能性もあるのようにまとめた。これまでの学習を踏まえて最終的な問いとその問いにした理由を記述させた。生徒は「本当の自由とは何か」（理由：憲法や法律などで自由の権利があたえられているけれど，もしそれがなくなったら，何が残るのか疑問に思った）のような問いをつくった。

第2時後半では，自分の問いを表1の評価規準に基づいて評価するとともに，班員による他者評価を実施した。その後，評価規準と自己評価・他者評価を参考にして，最終的な問いをよりよい問いへとブラッシュアップさせた。また，評価規準の妥当性を検討したり，「5」や「6」などのより高い評価規準を班で検討させたが，生徒にとってこの活動は難しかった。最後に，問いをつくったり，つくった問いを評価してみた感想を書かせた。

表1　評価規準

評価	評価規準	事　例
4	今まで考えていた自由・権利を再考したり批判したりして，問いを作ることができる	・私たちが必要だと思う権利を実現するためには，どうしたらよいのだろう ・自由などの権利によって，他者の影響を受けないためにはどうしたらよいのだろう ・自由などの権利が考えられたにもかかわらず，なぜ，依然として，格差や戦争に苦しむ人々がいたのだろうか
3	権利に関する問いを作ることができる	・なぜ，人々は自由などの権利を実現・保障しようとしたのだろう ・自由以外の権利，例えば，平等などはどのように強調されたり，イメージ化されたのだろう ・憲法や法律で自由を権利として保障できるのはなぜだろう
2	自由に関する問いを作ることができる	・どのような人々が自由を運動会で強調したのか ・フランスで自由をイメージ化させたのはどのような人々か ・自由はどのような意味で人々に意識されたのだろうか ・自由という思想はどのように生まれたのだろう
1	資料そのものに基づく問いを作ることができる	・なぜ，大人が参加して，酒盛りをしているのか

4│問いの探究——生徒Aの場合│

　生徒Aは運動会の人々への影響に関する素朴な問いをつくった。自由を視点とした探究の結果，自由に着目する問いを作成したが，この問いからは，自由を実現するためであったという教師の説明を受けた上で，なお運動会で自由を強調することに疑問を感じていることがわかる。最終的には自由と権利の関係に疑問を持ち，問いにしている。評価活動の結果，自由と権利の関係を人々の影響から追究しようとする問いにブラッシュアップした。感想からも自由と権利の関係について強く興味を感じていることがわかる。

　生徒Aは問いを探究することで，自由と権利の関係についての明確な課題意識をつくることができた。一方で，資料に基づく問いに留まった生徒もいる。今後は問いを向上できなかった生徒の思考のあり方を解明していきたい。

表2　生徒Aの問いの向上

素朴な問い	往来の通行人や旅人たちも一目見ようとする運動会とは，どのくらいの影響力があるのか
自由に関する問い（活動後）	提灯に「自由燈」という字を染め抜いたりして自由にこだわるのはなぜ？（自由にこだわる理由がわからない）
最終的な問い	なぜ自由を人々に強調させたりイメージ化させたのか。自由を権利にする意味は何か（自由とは何のためにあるのかさっぱりわからない）
ブラッシュアップした問い	自由を権利にすることによって周りへの影響はどのように変化するのか
感想	ものすごく考えさせられた。自由という権利を定めることは，それは自由なのだろうか。自由は決められるものではないと思った。自由は求めるものではなく，今いる現状が自由なのかもしれないと思った。

（宮本　英征）

附記

　東京都立六本木高等学校（定時制）の駒田芳基先生には本単元を実践していただいただけでなく，実践にあたり自由民権運動やフランス革命に対する生徒のレディネスに基づく授業展開への提案をいただいた。また，評価規準に基づく問いのブラッシュアップなどのアイデアもいただき，問いの探究学習をよりよいものに改善できた。この場を借りて感謝申し上げたい。

参考資料

・牧原憲夫『客分と国民のあいだ』吉川弘文館，1998年
・牧原憲夫『民権と憲法』岩波書店，2006年

② 結びつく世界と日本の開国
―― 18・19世紀の世界を郷土資料から解き明かす

Point ★ 授業のポイント

・生徒に「現代の政治・経済システム＝近代に成立」を気づかせる。
・生徒の「問いを立てる力＝資料から考える５Ｗ１Ｈ」を育成する。
・教師が「問いを立て，課題を解決する武器＝郷土資料」を準備する。

1│単元「結びつく世界と日本の開国」の目標│

18〜19世紀のアジアの経済と社会の状況，および欧米諸国の工業化と世界市場の形成を理解する。

2│単元「結びつく世界と日本の開国」の指導計画（８時間）│

単元「結びつく世界と日本の開国」について，学習指導要領に記載された小項目を整理して指導計画を示すと，次頁の表１になる。単元の内容は，18世紀から19世紀にかけての日本や世界の近代化の動きが，今日の生活に影響を与えた事例を学ぶものとした。すなわち，欧米諸国のアジア進出の背景や，開国・開港の以前と以後の貿易の変化，イギリスで始まった産業革命と国際分業体制を学びつつ，貿易された商品（茶・アヘン・綿製品）や移民などの事例が，世界の一体化につながったことを学ぶ流れである。

この指導計画では，１時間ごとに授業テーマ（小単元）を設け，それぞれ主要な問いの例を挙げている。この場合，「(1)近代化への問い」において「南北問題の起源を求める経済格差」や，「持続可能な開発を目指す社会」というテーマでの探究に通用するといえる。

なお，授業モデルとして，第5時と第7時について，後に提示する。

表1　単元「結びつく世界と日本の開国」の指導計画（例）

	授業テーマ（小単元）	主要な問い（例）
1	18世紀の日本の経済と貿易	どんな商品がどこに運ばれていたのか
2	18世紀のアジアの経済と貿易	どんな商品がどこに運ばれていたのか
3	中国の開港と日本の開国	なぜ，欧米は中国や日本に開港を迫ったか
4	中国と日本の貿易の変化	開港・開国に中国や日本はどう対応したか
5	衣料の生産と世界市場の形成	なぜ，東西の綿布輸出量が逆転したのか
6	日本の産業革命とその影響	産業革命は社会にどんな影響を与えたか
7	鉄道の普及と一体化する世界	鉄道は，世界にどんな役割を果たしたのか
8	移民の動きと一体化する世界	移民は，世界にどんな影響を及ぼしたのか

3│授業モデル作成におけるポイント│

(1)　知識注入型からの脱却＝「現代世界につなぐ」授業づくり

　歴史の授業に対して「わからない，覚えられない」とこぼす生徒の声が，年々増えている。これは，我々教師に突きつけられた課題でもある。

　こうした状況で，教師はどのように授業を組み立てればよいのか。

　例えば，フランス革命の学習で，事件や出来事を並べて説明しただけでは，革命の成果は理解させにくい。それよりも，「『フランス人権宣言』の条文の中で，日本国憲法に見られる内容は何か」と問うたなら，どうだろうか。この場合，現代の自由権や平等権の成立を学ぶ授業になるだろう。すわなち，授業に「現代の諸課題につなぐ内容を組み込む」のである。

　現在の政治・経済システムの多くが近代に成立しており，衣食住や文化の様式も近代以降のものが多い。過去と現在をつなぐ授業を設計すると，知識注入型の授業から脱却できよう。

(2)　「世界史型」「日本史型」でない＝「歴史総合」の授業づくり

　「歴史総合」の授業を考える際，知らず知らず教師は自分の分野に（世界

史教師なら世界史の事象に）つなげる癖に陥ってしまう。こうした声を研究
会や学会でしばしば耳にするし，筆者自身の悩みでもある。

　ならば，日本史の教師と世界史の教師が，互いに話し合って合意点を求め
る方法もあろうが，それに費やす時間やエネルギーも多くなる。

　そこで，今回の授業モデルには，授業で扱う資料に「地域→日本→世界」
と拡大する事象を取り入れた。例えば，鉄道の普及を考える際「福井で初め
ての鉄道はいつ，どこを走ったのか→日本では→世界では」というように，
学習の対象を地域から日本国内，そして世界へ広げるのである。

　こうした「地域・日本・世界を結ぶ歴史授業」を提案したい。

⑶　生徒が興味を持つ対象＝「生活に身近な教材を扱う」授業づくり

　時代と場所がわからない王朝名・肖像画のない人物名・長いカタカナ文字
の条約名……これらが書き並ぶ黒板に，生徒の学習意欲は低下しがちである。

　一方，生徒が絹布や綿糸に触れ，それらの製品を生み出す機械について，
図版を手がかりに工業化や貿易の変化を学ぶ授業ならば，どうだろうか。

　生活に身近な「衣食住，交通，お金」を教材とするなら，充分興味を引く。

⑷　授業の中核＝「発問と資料を選択する」授業づくり

　主たる発問，その解決の糸口となる各種資料は，授業構成で重要である。
授業を設計する上では，「主要な問い」に対する答えが１時間の授業の核と
なる知識である。次に「補助的な発問」とその知識を配置しながら学習内容
を構成していく。そして，これらの知識の根拠となるのが，実物・写真・図
版・映像・文献・グラフなどの各種資料である。

　これらの資料の収集は，一見すると大変そうに思えるが，日頃から学習内
容を考えていると資料探しも楽しいものである。教師が一汗かいて撮影した
映像や，図書館で探し出した文献からの資料は，生徒の興味を引きやすい。

　なお，主発問と補助発問，および生徒に獲得させたい知識，各種の資料に
ついては，後述の授業モデルの例を参考にされたい。

⑸ **教師主導でない＝「生徒が立てた問いを解決する」授業づくり**

　筆者の授業は，長らく「主発問を提示，仮説を設定，資料を基に考察しながら問いを解決する」スタイルであった。しかし，常に，教師が用意した知識へと生徒を誘導しているのではないか，と悩み続けてきた。

　この現状を打開し，「生徒の主体的な学び」を保証できないかと考え，近年は「生徒に問いを立てさせ，課題を解決する」授業に転換している。

　具体的には，前時の授業の終わりに「資料を提示し問い（５Ｗ１Ｈ）を立てさせる」時間を設けている。最終的には，生徒たちのメモから，教師が主たる発問を選択するわけだが，思わずはっとさせられる疑問や生徒のつまずきを気づかせる疑問も出てくるので，授業の展開において重宝している。

　ただし「問いを立てさせる資料＝学習内容の本質を含む資料」であるため，資料の選択に際し，深く吟味することが必要不可欠となる。歴史に興味を持てない生徒がいる場合も考えると，絵画資料は有効な手立てといえる。

4 │ 授業モデル（第５時）「衣料の生産と世界市場の形成」│

⑴ **単元名**

　「結びつく世界と日本の開国５——衣料の生産と世界市場の形成」

⑵ **本時の目標**

　福井の繊維生産の歩みと明治期の日本の貿易状況を把握するとともに，18世紀のイギリスで衣料の機械生産が始まり，その工業化が19世紀の世界市場や資本主義社会を形成したことを理解する。

⑶ **授業展開（50分）**

	■教師の発問　・教師の支援や指示	資料	○生徒に期待する行動 ◎生徒に獲得させたい知識
	・今日は衣料の歴史の学習をします ■持参した衣料（ユニフォーム）は何か，どこで作られたと思うか	①	◎福井国体のホッケーチームのユニフォーム。越前市内の企業が製作

課題把握	■明治時代後半（日清・日露戦争時）の主要輸出品を比べると，何が急増しているか	②	○グラフ資料から主要輸出品を読み取れる
	■この時期の福井に，繊維工場はあったのか	③	◎日露戦争時の日本の主要輸出品は綿糸
			◎越前市に器械製糸場，福井市に福井職工会社
	■福井の繊維生産は，全国で何位を占めたか	④	◎1880〜1920年代に絹織物の生産が増加し，生産高は全国3位，2位，1位を占めた
	■綿花（綿織物原料）の産地はどこか	⑤	○地図でインドなど綿花生産地を指摘できる
	・19世紀の東西綿織物生産のグラフを示す	⑥	
	■何が読み取れるか，何年に逆転しているか		◎1820年頃にイギリス産がアジア産を逆転した
	・本時の学習課題を明確にする		
	【課題の設定】なぜ，イギリスとアジアの綿織物の輸出量が逆転したのか		
予想設定	・では，課題について予想を考えます		○ペアワークで，生産方法を考える（アジアは手作業，イギリスは機械の生産かな。機械なら多く生産できて輸出が増えたのかな）
	■アジアとイギリスの綿織物は，それぞれどうやって生産されたのか		
	【生徒の予想】（例）イギリスでは，綿織物が機械でつくられた 　　　　　　　　それをインドに多く輸出したからではないか		
事実調査・関係考察	・では，予想を確かめます		◎綿織物は安価で，軽く，肌触りがいい，洗濯できて衛生的，重ね着やプリントが可能
	■（生徒に実物の毛糸と綿糸を触れさせて）綿織物が手織物より優れているのは何か	⑦	
	・相次いだ機械の発明を，図で確認します	⑧	◎綿織物の需要増，国産化動き，発明された機械
	■インド人はイギリス綿製品を買ったのか	⑨	◎安価で売られ，インド綿織物業に打撃を与えた
	■手工業から，機械で大規模生産する変化を何と呼ぶか		◎イギリスでは機械により綿製品が大量に生産された。この変化を産業革命や工業化と呼ぶ
	・キーワードを整理し答えをまとめます		○学習課題の回答を表現する
	【課題の解決】綿織物の需要が増えたイギリスで，国内生産の動きから，機械が次々に発明された 　　　　　　　（例）工場で大量に生産された綿製品がインドなどへ輸出された		
発展追究	・次に産業革命が進展した影響を考えます		○生活の変化では，自営的労働から工場勤務へ，社会の変化では，資本家と労働者の階級が成立
	■産業革命（工業化）は，当時の人々の生活や社会にどんな変化を起こしたか	⑩	
	・資本主義経済，資本家，労働者の用語確認		◎家族関係，時間厳守，人口集中などの変化。社会問題の発生，資本主義と社会主義の思想

76

	■「世界の一体化」の観点から，地球規模でどんな体制が成立したか，資料集から考えなさい ・「19世紀の世界市場」とイギリス中心の「国際分業体制」を理解できたか確認する ・まとめのワークシートを記入しなさい	⑪	○原料供給地と製品市場という支配・従属の関係から「国際分業体制」を想定する ◎「世界の工場」イギリスと原料供給地となったアジア・アフリカ諸国からなる国際分業体制 ○本時の学習内容を振り返り，ワークシートの資料から次時の問いを立てる

5 授業モデル（第5時）の資料

①越前市内の企業が製作した福井県成年男子ホッケーチーム
（福井国体優勝）のユニフォーム（実物）

②日清・日露戦争期の日本の主要輸出品

神戸税関「神戸港150年の記録～貿易統計からみる貿易の変遷」

明治27年（1894年）	
品名	価格（千円）
米	4,608
マッチ	3,504
緑茶	2,775
銅	2,314
マット	1,956
カーペット	1,107
樟脳（医薬品の一種）	1,022
磁器・陶器	824
綿糸	724
洋傘	618
総額	29,438

明治37年（1904年）	
品名	価格（千円）
綿糸	21,016
マッチ	7,472
麦わら製品(特に岡山県産)	5,135
花ござ(草で編んだ座布団)	4,910
銅	4,806
緑茶	4,177
米	3,683
樟脳（医薬品の一種）	3,168
磁器・陶器	2,798
綿・メリヤス肌着(平編み)	1,344
総額	87,976

③明治時代に福井県内にあった繊維工場（省略）
④日本の絹織物生産上位5県の変遷（省略）
⑤綿花の産地（地理資料集　省略）　⑥東西の綿織物の流れ（グラフ　省略）
⑦実物の毛糸，綿糸（省略）
　綿織物の良さ（デフォーの文章）
　川北稔『洒落者たちのイギリス史』平凡社，1993年（省略）
⑧次々と発明された機械・イギリスの工業化（筆者作成　省略）
⑨インド綿工業破滅（綿引弘『物が語る世界の歴史』聖文社，1997年，省略）

⑩社会問題の発生（日本史資料集　省略）
⑪世界の工場イギリス（世界史資料集　省略）

6│授業モデル（第7時）「鉄道の普及と一体化する世界」│

(1)　単元名

「結びつく世界と日本の開国7――鉄道の普及と一体化する世界」

(2)　本時の目標

明治期の福井と日本の鉄道状況を知り，19世紀のイギリスから鉄道が普及したこと，そして鉄道と蒸気船が人・物の大量輸送を可能とし世界の一体化を促したことを理解する。

(3)　授業展開（50分）

<table>
<tr><th></th><th>■教師の発問　・教師の支援や指示</th><th>資料</th><th>○生徒に期待する行動
◎生徒に獲得させたい知識</th></tr>
<tr><td rowspan="2">課題把握</td><td>・今日は交通，鉄道の歴史を学習します
■写真の電車は何か。福井との関係は何か
■福井県初の鉄道は，いつ頃どこを走ったか。江戸，明治，大正，昭和のどれか。北か，南か
■日本初の鉄道は，いつ頃どの町を走ったか
■世界初の鉄道は，いつ頃どの国で走ったか
■19世紀末，鉄道はどこまで普及したのか
・考えた問いを整理し，課題を設定する</td><td>①

②

③

④

⑤</td><td>○必要に応じグループで相談し回答する
◎E7・W7系新幹線。2023年春，東京―敦賀が開通
◎明治29（1896）年，敦賀―福井間が開通
◎明治5（1872）年，東京（新橋）―横浜間が開通
◎1825年，イギリス中部に公共鉄道が開通（諸説あり）
◎1900年頃，中国（東清鉄道）やロシア（シベリア鉄道），アメリカ大陸横断鉄道開通。インド，アフリカへ</td></tr>
<tr><td colspan="3">【課題の設定】鉄道は，19世紀の世界にどんな役割を果たしたのか</td></tr>
<tr><td rowspan="2">予想設定</td><td>・では，学習課題について考えます
■何が鉄道で運ばれたか
■開通後，どんな変化や発達があったか</td><td></td><td>○各グループで，鉄道の役割について，どんな点から考えるか話し合う
○鉄道が果たした役割を，ボードにまとめ発表する</td></tr>
<tr><td colspan="3">【生徒の予想】（例）大量の人や貨物（原料や製品）を運んだ。鉄道の駅周辺に商店や工場ができ賑わった</td></tr>
</table>

事実調査・関係考察	・では，予想を確かめます ■まず，イギリスの鉄道では何が運ばれたか。また，鉄道開通でどんな変化が起こったか ■アメリカ・インドで鉄道が果たした役割は何か ・生徒の回答を引き出し，必要なら修正する ・回答させる際，キーワードで表現させる ・次のような回答も，取り上げる 「アメリカなどへの移民を増やした」 「鉄道が蒸気船・運河と結びついた」 「鉄道が世界の一体化の完成を促した」 ・それでは，学習課題の答えをまとめます	⑥ ⑦ ⑧	○資料から必要な情報を選び，表現する ◎イギリスでは，1830年に1日約1,000人を運んだ。また，綿花や綿製品，燃料の石炭，兵士を運んだ ◎1869年，大陸横断鉄道開通で，アメリカ経済成長 ◎1860年代，イギリスは，インド植民地で原料や資源を運ぶため（アジアで初めての）鉄道を敷設した ◎1860～1900年代アジア・アフリカに鉄道が広まる ◎鉄道により都市と地方が結ばれ市場が広域化した ◎正確な運行の必要性から，時刻表が生まれた ◎安全運航のため，駅と駅が電信で結ばれた ◎1851年の第1回ロンドン万国博覧会で，トマス＝クック社が16万5千人を運ぶなど旅行業が生まれた
	【課題の解決】1830年に実用化された鉄道は，多くの人々，原料や製品を輸送した 　　　　　　（例）1900年頃にはヨーロッパと世界諸地域を結び，西欧諸国の植民地支配を強化した。各地の市場を統合し，技術革新を進め，旅行業を生み出すなどの役割をはたした		
発展追究	・続いて，19世紀後半の世界状況を考えます ■鉄道以前の蒸気機関のある交通機関は何か ■『八十日間世界一周』ルートを地図に記入 ・16世紀のマゼラン航海との違いを説明する ■1893年インド航路を開いた日本の会社は何か ■図版の人々はどこからニューヨークに来たか。エマ・ラザラスの詩からわかることは何か ■資料から，どんな時に移民が増加するか ・今日の振り返りと次の授業内容について，ワークシートを記入しなさい	⑨ ⑩ ⑪ ⑫ ⑬	◎1807年，フルトン（アメリカ）が発明した蒸気船 　1872年のヴェルヌ『八十日間世界一周』に登場 ◎スエズ運河通過，アメリカ大陸横断鉄道を利用 ◎期間と安全さ（マゼラン3年，出発約270名→帰着18名） ◎日本郵船。アジア間貿易を拡大させ，経済力を伸張 ◎アイルランドの人々（1840年代のジャガイモ飢饉）。自由の女神は，迫害され苦しむ人への希望の存在 ◎飢饉や内乱の社会不安が移民を生むプッシュ要因 ○キーワードを手がかりに，授業のまとめを表現する

第2章　世界と日本を融合する「歴史総合」授業モデル　79

◎【鉄道】と【蒸気船】の普及が,【人】(移動,旅行,移民)や【物】(原料や製品)の大量輸送を可能とし(＝交通革命),19世紀「【世界の一体化】の完成」となった

7 │ 授業モデル（第７時）の資料 │

①北陸新幹線写真（省略）／鉄道地図：JR 西日本 HP（省略）
②福井県で初めての鉄道開通（写真，地図，文書）
『図説 福井県史』福井県，1998年

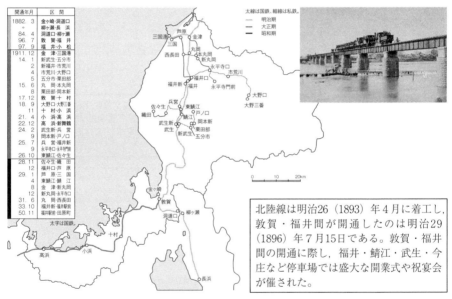

北陸線は明治26（1893）年４月に着工し，敦賀・福井間が開通したのは明治29（1896）年７月15日である。敦賀・福井間の開通に際し，福井・鯖江・武生・今庄など停車場では盛大な開業式や祝宴会が催された。

③日本で初めての鉄道（映像）：『クリップ 日本最初の鉄道』NHK for school，2015年（省略）
④世界で初めての実用鉄道（1825年）ストックトン・アンド・ダーリントン鉄道（省略）
⑤1900年頃の鉄道世界地図 （世界史A教科書　省略）

80

⑥鉄道が運んだ人とモノ（宮崎正勝『世界史を動かした「モノ」事典』日本
　実業出版社，2003年）

> 　イギリスでは，1830年にロケット号が１日1,100人を運び（中略）綿花や綿製品，燃料の
> 石炭を運んだ。
> （前略）1850年代，クリミア戦争でイギリス・フランスの兵士が，黒海沿岸32kmの区間を
> 輸送された。

⑦世界に広まる鉄道（綿引弘『物が語る世界の歴史』聖文社，1997年）

> 　1869年，大陸横断鉄道の開通で，東部と西部の市場が統一され，アメリリカ経済は急成長
> した。
> （前略）1860年代，イギリスは，インド植民地でアジア初の鉄道を敷設した。海岸の港と内
> 陸を結び，原料や資源を運ぶもので，線路幅は３種類あり，複雑な鉄道網が形成された。

⑧世界を一変させた鉄道（宮崎正勝『世界史を動かした「モノ」事典』日本
　実業出版社，2003年より筆者要約）

> （前略）鉄道により都市と都市，都市と地方が結ばれ，市場が広域化し，物価は全国共通に
> なった。
> （前略）正確な時間の運行上，時刻表が生まれ（中略）安全運航のため，駅と駅が電信で結
> ばれ（後略）
> 　1851年の第１回ロンドン万国博覧会で，トマス＝クック社は，パックツアーを企画し16万
> 人を運んだ。

⑨世界の蒸気船（宮崎正勝『モノの世界史』原書房，2002年）

⑩ジュール・ヴェルヌ『八十日間世界一周』角川文庫，2004年（あらすじ：
　筆者）

> 　80日で世界一周できるか２万ポンドを賭け，主人公がロンドンを出発。鉄道・蒸気船・
> 象・ソリを乗り継いで，地中海，インド，横浜，アメリカへとスリルに満ちた旅が続く。最
> 後は意外な結末。

⑪日本郵船の設立（日本史Ａ教科書　省略）

⑫「自由の女神」を目指したアイルランド移民（写真と台座の詩省略）

⑬アメリカ合衆国への移民の数（省略）

（谷口　康治）

❸ 国民国家と明治維新
　　——国民をつくる／国民になるとはどういうことか

> **Point ★ 授業のポイント**
>
> ・近代の歴史的展開について,「私たち」がいる日本を世界との相互的視野から捉えるために,国民国家の形成と帝国主義の動きを世界史的視野から取り上げた後,日本に焦点をあてた単元構成を取る。
> ・学習課題は,現代の諸問題の観点から,学習者である「私たち」にとって追究する意義のある問いとして,国民意識の形成と国民統合(社会統合)を取り上げ,生徒にとって身近な「学校」を追究対象として設定する。
> ・複数の資料を提示したり,グループでの活動を取り入れたりすることにより,生徒どうしの対話を促し,複数の意見を踏まえて多面的・多角的に考察する場面を設ける。

1 |「国民国家と明治維新」の扱い方・教え方 |

　学習指導要領では,大項目「B　近代化と私たち」は,「私たち」にとっての近代化の意味と課題を追究する主題学習という位置付けになっている。また,中項目「(3)国民国家と明治維新」では,近代化に関わる諸事象について,政治と国際関係に焦点化して扱うこととなっている。ポイントとなるのは,具体的な歴史的展開に関わる課題(問い)をいかに設定し,諸資料の読解を通して多面的・多角的に追究させるかである。

(1) 理解目標の命題化

　まず，学習指導要領に示された理解目標を命題化してみよう。項目記述では内容の規定性に欠け，目標が明示できないからである。そこで，次のように理解目標を設定する。

①立憲体制と国民国家の形成

・市民革命の結果，市民の政治的発言権の拡大が進み，19世紀にはフランスに始まり国民国家がヨーロッパで拡大した。

・欧米諸国のアジア進出という国際情勢の中，日本は明治維新に至り，ヨーロッパ文明を受容して国民国家を形成した。

②列強の帝国主義政策とアジア諸国の変容

・1870年代半ばから，ヨーロッパやアメリカなどの列強が帝国主義政策を進めた結果，世界は次々と列強に分割され，アジア・アフリカ諸国は植民地や勢力範囲に組み込まれた。

・日本は，日清・日露戦争に勝利したことにより，東アジアにおける最初の列強となり，台湾や南樺太・朝鮮を領有する植民地帝国となった。

(2) 学習課題の設定

　次に，目標とする説明的知識・概念的知識を習得するための学習課題（問い）を教師が設定するが，その課題は学習者である「私たち」にとって追究する意義のあるものでなければならない。

　理解目標に関わって，「私たち」を取り巻く状況を見ると，グローバリゼーションが進行する中で，国民国家はなお力を失わず，民族紛争や宗教対立は後を絶たない。また，近隣諸国との領土問題の報道を聞いて国民感情が煽られ，オリンピックやワールドカップのテレビ中継で，つい日本人選手や日本チームに肩入れしてしまっている自分に気づくことは誰しも経験するのではないか。にもかかわらず，私たちが「国民」であることは当たり前であって，それがある歴史的な文脈の中で生み出されてきたことに気づくことは少ない。

そうであるならば，国民意識が形成される過程を学習課題として設定することは，自分が生活する世界を対象化し，社会認識を深める上で十分意義がある。一方で，外国人労働者や難民などの移民をめぐる問題は，近年深刻さを増している。西ヨーロッパでは，外国人排斥を掲げた極右勢力が伸張し，日本でも改正出入国管理法が成立したことは記憶に新しい。そこで問われているのは，多文化的状況と国民統合（社会統合）の問題である。歴史的文脈において，これらの問題は一体どう現れてきたのか。国民国家の形成過程で，先住民（周辺地域の住民）はどのように統合されたのか。また，帝国主義政策を進めた植民地帝国は，この問題にどう対処してきたのか。私たちが生活する場に即して（そこでは，「私たち」とは何者かが直ちに問われることになる），こうした歴史的文脈を確認し，未来を展望することは，現代的諸課題の観点からアプローチする上で大きな意義があるのではないか。

そこで，中項目「(3)国民国家と明治維新」を通した学習課題（問い）を，「国民をつくる／国民になるとはどういうことか」と設定し，①立憲体制と国民国家の形成（４時間）では国民意識の形成に，②列強の帝国主義政策とアジア諸国の変容（４時間）では国民統合（社会統合）に焦点をあてた単元構成を提示する。

2 │教材研究と授業化の方向性│

学習課題（問い）を設定したら，それを多面的・多角的に考察し，表現する手がかりとなる教材（資料）の選択である。生徒たちは，国民国家や国民などといった概念的知識それ自体を学習対象とすることはできないのであるから，できるだけ具体的にイメージしやすいものを追究対象としたい。

(1) 国民意識の形成

1990年代以後の歴史学では，それまでとは異なる新しい国民国家論が提起されている。それらはいくつかの特徴を持っているが，人々がいかに国民という意識を植え付けられつつ国家に統合されていくかが明らかにされている。

その中で，西川長夫は，①国民国家は原理的には国民主権と国家主権によって特徴づけられること，②国民国家には国家統合のためのさまざまな装置（軍隊や警察などの支配・抑圧装置，家族や学校といったイデオロギー装置）が必要であると同時に，国民統合のための強力なイデオロギーが不可欠であること，③国民国家はそれぞれに自国の独自性を主張しながらも，相互に模倣し類似的になる傾向があることを指摘する。そして，国民形成と国民統合の過程を分けて捉え，国民形成（国民化）の要素として，空間の国民化，時間の国民化，習俗の国民化，身体の国民化などをあげている。

　そこで，国家統合のためのイデオロギー装置の一つである学校に着目し，これを教材化する。学校は何よりも生徒たちにとって身近なものであり，それが故に「視えない制度」として，私たちの内面から国民という意識を植え付けているものだからである。その際，学習方法としてジグソー法を活用する。ジグソー法とは，生徒に課題を提示し，課題解決の手がかりとなる知識を与えて，その部品を組み合わせることによって答えを作り上げるという活動を中心にした授業デザインの手法である。具体的には，「学校は人々の生活や意識をどう変えたのか」という課題に，よりよい答えを出すための三つの異なる部品（時間の国民化，言語の国民化，身体の国民化に関する三つの資料）をグループに分かれて検討し，自分の言葉で説明できるよう準備する。次いで，異なる部品（資料）を担当したメンバーが一名ずつ集まってグループを再編成し，最初の課題に対する答えを作り上げ，各グループで出てきた答えを教室全体で交流するというものである。この活動により，学習課題を多面的・多角的に考察し，表現する授業過程を組み入れることができる。

(2)　植民地と国民統合

　一方，国民統合の過程では，近年，植民地と結びついた博覧会の研究が関心を呼んでいる。日清・日露戦争後の日本でも，植民地展示の博覧会が開催された。博覧会では，植民地についての国民の知見を高めるために，植民地の物産が展示され，多くの観客は博覧会を通して植民地を「発見」した。ま

た，新たに包摂された異民族の存在を知らせるために，しばしば「生身の人間」が展示され，「劣った」「未開」な住民と位置付けることにより，日本人の優位性を生み出した。博覧会は，国民統合を図るさまざまな装置（媒体）の一つであり，それは異質なものを排除する性質を持っていた。

　日本の植民地における学校も，日本人の通う「小学校」と現地住民向けの学校とは区別され，修業年限も尋常小学校の6年以下におさえられた。植民地における教育は，義務教育を施行しないという点では「国民教育」の外側にありながら，他方で日本語を「国語」として学ばせるという点では「国民教育」の一部として位置付けられた。ここには，排除しながら包摂する，あるいは包摂しながら排除するという使い分けがなされていた。

　そこで，博覧会と学校とを教材化すれば，国民統合（社会統合）のあり方を追究できるであろう。すなわち，日本の植民地支配においては，参政権などの法制面で植民地が排除される一方で，日本語教育による文化統合が植民地を包摂する体制を取った。これに比較して，現在の西ヨーロッパの国民国家では，移民などの文化面での異質性を承認する一方，政治共同体への参加による統合へと傾きつつある。その違いを踏まえて現在の移民問題を考察すれば，「私たち」と歴史との関わりを発見し，社会統合をめぐる現代的課題にアプローチできるであろう。

3 ｜「国民をつくる／国民になるとはどういうことか」の　授業事例｜

(1)　単元目標
①さまざまな資料から，国民意識の形成と国民統合の様相を読み取り，国民国家の形成と帝国主義による世界分割が人々（私たち）にもたらす影響や意識の変容を説明できる【知識及び技能】
②学校や博覧会といったさまざまな装置（媒体）によって，国民意識が形成され，国家（社会）への統合と排除がなされたことを考察し，現代の社会に見られる課題の解決に向けて構想したことを表現できる【思考力，判断

力，表現力等】

③学習課題（問い）を追究したり解決したりする活動やグループ活動を通して，周囲と協調しながら主体的に学習に取り組むことができる【学びに向かう力，人間性等】

(2) 単元指導計画

〈パート1〉国民意識の形成

第1時：国民国家の誕生と拡大

「今の国のあり方（＝国民国家）はいつ始まったか」「国民国家という国のあり方が周辺の国々に広がったのはなぜか」を，フランス革命とその後の変化における「人権宣言」やナポレオン戦争に関する資料などを基に考察し，説明することをねらいとする。ナポレオン戦争は軍事力において国民軍の優位性を証明し，また経済的にも国民国家が形成されると市場規模が拡大することにより，国力を増進させ，国家の隆盛をもたらすことが明らかになった。

第2時・第3時：学校の始まりと「国民」

日本では明治維新によって国民国家創りが始まったが，「学校はなぜ創られたのか」を福澤諭吉『学問のすゝめ』第3・4編を基に考察するとともに，ジグソー法を活用して「学校は人々の生活や意識をどう変えたのか」をさまざまな資料を基に考察し，説明することをねらいとする。学校では，国家によって知識と規律が強制され，人々の行動や言語は標準化・均質化されて，「国民」が形成されていった。

第4時：民衆が「国民」になる時

「『国民』の自覚はどのように生まれたのか」をヨーロッパ諸国や日本の事例を基に考察し，説明することをねらいとする。国民国家は戦争と切っても切れない関係にあり，「国民」としての自覚は戦争を通じて形成された。日本では，日清・日露戦争によって初めて庶民は「日本」という国家を強烈に意識し，自分たちは国家の一員である「国民」と自覚するようになった。

第2章　世界と日本を融合する「歴史総合」授業モデル　87

〈パート２〉植民地と国民統合

第５時：帝国主義と世界分割

　「1870年代以降，列強はどのような動きを進めたのか」「帝国主義はなぜ起きたのか」を，資本主義の変容や支配層による国内の統治危機への対応に着目し，後者については福澤諭吉の時論「支那を滅ぼして欧州平なり」を基に考察し，説明することをねらいとする。列強の海外への進出は，国内の労働者たちの不満をおさえて，政治を安定させるためでもあった。列国の国家体制はそれぞれ異なっていたが，そこには帝国主義政策を進めて国内統合をはかるという共通点があった。

第６時：植民地の「展示」

　19世紀半ばに始まる博覧会において，「植民地の人々はなぜ『展示』されたのか」を，日清・日露戦争後の日本で開催された博覧会の資料を基に考察し，説明することをねらいとする。博覧会における植民地展示を通して，国民統合として「日本人」意識が形成されると同時に，新領土の人間を劣った「人種」とみなす排外意識を生み出した。また，人類館事件の資料を基に，「われわれ」と「他者」の境界線は可変的であり，その可変性が「われわれ」「日本人」意識の求心力を支えていたことを考察し，説明する。

第７時：植民地（内国植民地）と学校

　多民族帝国となった「日本は，新たに獲得した領土の人々をどのように国民（帝国臣民）につくり上げようとしたか」を，アイヌや朝鮮の人々に対する学校教育に関する資料を基に考察し，説明することをねらいとする。これらの学校（「アイヌ小学校」「普通学校」）は，日本人の子どもたちとは別学制とされ，教育年限や内容は尋常小学校以下におさえられたが，他方で日本語教育に重点がおかれた。そこでは，法制度で「日本人」から排除しながら，文化統合において「日本人らしくありなさい」と包摂しようとする使い分けが行われた。

第８時：国民になるとはどういうことか

　これまでの授業を踏まえ，「国民」になるということの意味を，「学校は

人々を幸せにしたのだろうか」「学校（教育）は，本土の人々・先住民や植民地の人々をどう変えたのか」との問いを通して，その正と負の側面を考察する。また，「現在の先進国における移民問題を解決するにはどのようなことが必要なのだろうか」を，学校や博覧会などの装置によって人々が国家へ統合されたり排除されたりした過去の事例を踏まえて考察し，社会統合をめぐる現代的課題の解決に向けて構想したことをレポートに表現する。

(3) 第2時・第3時の授業内容と展開

ア．本時の目標

学校の誕生が人々の生活や意識に及ぼした影響を，さまざまな資料を基に考察し，説明することができる。

イ．本時の学習過程（略案／○はメイン，・はサブ）

	発問・指示	教材	発見・習得させたい知識
導入	・日本の明治維新ではどのような政策が行われたか ○学校はなぜ創られたのか ・福澤諭吉は『学問のすゝめ』でどんなことをいっているか ・なぜ民衆に教育をつけねばならないといっているのか	①	・日本では，明治維新によって国民国家創りがはじまった ・「日本には政府はあるが，国民がいない」といっている ○国の運命を担う者としての自覚を持たせ，日本という国を強くするため
展開 I	○新しく誕生した小学校はどんな所だったのか ・絵を見て，比較しよう。江戸時代の寺子屋とどんな違いがあるか	②	○小学校では，掛図を見て複数の子どもたちが同じ内容を同時に学ぶようになった。個人教授に代えて一斉教授法が取り入れられた

第2章　世界と日本を融合する「歴史総合」授業モデル　89

| 展開Ⅱ | ○学校は人々の生活や意識をどう変えたのか
・グループ学習（ジグソー法）を行います
〈エキスパート活動〉
・各グループ（A〜C）に分かれ，資料を読み，課題について協議しなさい
〈ジグソー活動〉
・グループを再編成し，それぞれが担当した資料の内容を説明し，改めて課題の答えを作りなさい

・グループで作った答えを発表しなさい | ③ | A．時間の国民化
・定時法と全国共通時間が制定され，学校の時間割によって人々の間に浸透し，人々の生活リズムを変えていった
B．言語の国民化
・「国語」が創出され，学校によって標準的書き言葉に基づく話し言葉や音韻の矯正が行われた
C．身体の国民化
・学校では定型化した身体動作がなされ，授業（体育）や学校行事で規律ある集団行動をする身体が育成された
○日常生活は規律化され，人々の行動や言語は標準化・均質化されていった |
| 終結 | ○学校によって人々の間にどのような規律（意識）が形成されていったか | | ○西洋文明の秩序意識が導入され，国家に献身する「国民」としての意識が形成されていった |

ウ．授業資料（主な教材）

①福澤諭吉『学問のすゝめ』第3編，第4編

②明治初年の教室のようす（『小学入門教授図解・第七』）

寺子屋の学習のようす（渡辺崋山「一掃百態図」）

③A．西本郁子「子供に時間厳守を教える」（橋本毅彦，栗山茂久編著『遅刻の誕生』三元社，2001年）

B．川口良，角田史幸『「国語」という呪縛』吉川弘文館，2010年

C．柳治男『〈学級〉の歴史学』講談社，2005年

A～Cは，他にも小学生徒心得（1873年），小学校教員心得（1881年），成沢光『現代日本の社会秩序』（岩波書店，2011年）などから各資料を作成した。

(4) 評価のポイントと方法

　学習指導要領では，地理歴史科において育成をめざす資質・能力が，①「知識及び技能」の習得，②「思考力，判断力，表現力等」の育成，③「学びに向かう力，人間性等」の涵養，の三つの柱として示された。本授業実践の評価は，三つの柱に対応した先述の単元目標について，多様な方法を用いて行いたい。すなわち，①は主に定期テスト，②は各時間に作成したワークシートの記述により評価する。第8時に作成したレポートの評価では，「国民国家」や「社会統合」といった概念を用いて構想し，表現しているかが評価の鍵となろう。また，③は第2時・第3時のグループ学習において，周囲と協調しながら主体的に学習に取り組む態度として評価規準を設定する。授業の単元計画を立てる際には，各授業のねらいを明確にし，何をどこでどう評価するかといった見通しを立てておきたい。

（上田　茂）

参考資料

・三宅なほみ，東京大学 CoREF，河合塾編著『協調学習とは』北大路書房，2016年

・西川長夫「序　日本型国民国家の形成」西川長夫，松宮秀治編『幕末・明治期の国民国家形成と文化変容』新曜社，1995年

・松田京子『帝国の視線』吉川弘文館，2003年

・辻本雅史，沖田行司編『教育社会史』山川出版社，2002年

4 近代化と現代的な諸課題
——何気ない日常の行為から歴史を考える

Point ★ 授業のポイント

・観点を枠組みとした現代的な諸課題につながる主題を設定する。
・主題を基にした課題（問い）を設定して生徒に提示する。
・課題（問い）の追究を促す資料を提示する。
・考察を通し，現代的な諸課題の形成に関わる近現代の歴史を理解する。
・あらためて現代的な諸課題と向き合い，自身のあり方を捉えなおす。

1 ｜「近代化と現代的な諸課題」の扱い方・教え方 ｜

　学習指導要領に示されている五つの観点は，本単元の学習内容を方向付けるものである。設定する主題は，現代的な諸課題から探ることになろうが，それは生徒にとって身近なものであり，かつ論点が明確なものがよいだろう。授業は概念の枠組みをいかした構成となる。日本史担当者の多くは，系統的に歴史的事実を積み上げる教授に慣れてきたため，厄介と感じられるかもしれない。そこで，本単元の主題を先に設定し，逆向きに中項目(1)〜(3)において習得させるべき内容を設計することも有効と考えられる。また，単に過去の理解に留まらず，生徒自身が現代的な諸課題にどのように向き合うのか考えられるような学びにしたいものである。

　時間数が限られており，生徒の学習が限られた資料から推論を繰り返す，地に足がつかない展開に陥る危険性もある。ここに至るまでの学習成果をいかさねばならないことから，立てる問いは「事象相互のつながりに関わる問い」や「現在とのつながりに関わる問い」が中心となろう。また，資料は生

徒が有している概念的理解を揺さぶることのできるものであることが望ましい。言うは易しであるが，日頃から資料の発掘を意識したい。

2 「近代化と現代的な諸課題」の教材研究と授業化の方向性

　本単元は，現代社会のあり方を考察するための歴史主題学習と捉えることもできる。これに従えば，課題の現在性はもちろん，できれば学習者に当事者性（近い将来も含む）のある主題を設定することが求められる。例えば，平等・格差の観点では，明治期の出世双六などを資料として，社会保障と道徳観の形成の歴史を通して，勝ち組負け組という言説や自己責任論が生じる現在と自分たちのあり方を主題とした授業などが考えられる。

　統合・分化を観点とした授業計画を考えてみたい。近年問いなおされてきている「国家」と「個人」の関係性を現代的な諸課題として取り上げる。渡辺裕は「皆で声を揃えて合唱するという行為は，人々に連帯感を生み出し，維持してゆく上で絶大な効果を発揮します。」とする。そこで，「皆で歌う」行為に着目し，国民意識の形成を捉えていく授業を考えてみる。

　授業は生徒にとって身近な校歌を起点とし，式典や行事で「皆で歌う」ことに潜む価値観やその機能，時代における各国の社会との関係性について考察し，自分と「皆で歌う」行為（国民国家）との関係性を振り返る構成とする。

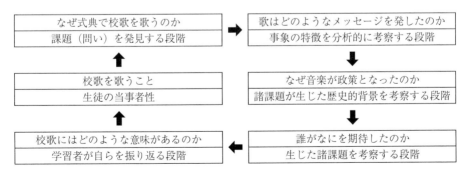

図1　授業過程モデル

授業過程は，課題（問い）を発見する，事象の特徴を分析的に考察する，諸課題が生じた歴史的背景を考察する，生じた諸課題を考察する，学習者が自らを振り返る，などの各段階からなる（前頁の図1を参照）。

3 ｜「近代化と現代的な諸課題」の授業事例｜

⑴　単元目標
主題：「近代化のなかの音楽──国民国家形成のツールとして」
・「皆で歌う」行為に潜在する価値観を近代化の文脈のなかで理解する。
・各国の音楽政策の共通性に着目し，その背景や影響について多面的・多角的に考察し表現できる。

⑵　単元指導計画
第1時：校歌と国歌の近似性とその機能を理解する。
第2時：唱歌が各地域の人々に与えた影響とその意味や意義を理解し，「皆で歌う」行為を振り返る。

⑶　第1時の授業内容と展開
導入
　ここでは，生徒にとって身近な校歌を資料として課題（問い）を設定したい。「学校にはなぜ校歌があるのか，なぜ，式典や行事では皆で校歌を歌うのだろうか」と問いかけ，主題を示す。
展開1
　ここでは，「皆で歌う」行為が政治化する起源をたどり，集団への帰属意識や連帯意識を形成したり維持したりする機能があることに気づかせたい。展開1，2においては適宜ペア学習，グループ学習の形態を取ることとする。
　自校の校歌を資料として，「どのようなことが歌詞に盛り込まれているだろうか」と問い，校歌の内容を読み取らせる。開校が戦前にさかのぼる学校であれば，唄われなくなった歌詞も示せばより効果があろう。

94

「ラ・マルセイエーズ」「出発の歌」など革命シャンソンとされる歌詞を資料として，歌詞の内容を読み取らせる。読み取りに際しては，中項目(1)〜(3)の学習で得た成果を踏まえて，「その時代の状況はどうだったのか」「強調されていることはなにか」などの問いを用意して情報を集めさせ，成果を発表させる。成果を踏まえて，音楽が政治化していく過程を理解する。次に，「どのような時に国歌を歌うのか」と問いかけ，国歌と校歌とに共通する機能を考察する。

⑷　第2時の授業内容と展開
展開2

ここでは，国民国家の形成を目指した日本と朝鮮の音楽政策を事例として，統合と分化の様相に着目し，「皆で歌う」行為が東アジアでどのように作用したのか考察する。校歌から迫りたいが唱歌にその姿を投影する。

「小学唱歌集 緒言」「明治24年文部省令第4号」などを資料として，「日本では西洋音楽をどのように受け入れたのか」と問いかけ，学校教育において国民形成のために音楽が機能したことを考察する。祝日大祭日の儀式の際に唱歌を合唱したこと，歌うべき唱歌が未定であり，同時期に校歌の届出数が増加したことから，儀式において校歌が歌われたことを理解する。

「韓国歴史教科書」の記述などを資料として，「朝鮮では西洋音楽をどのように受け入れ，それはどのように機能したのか」と問いかけ，日清戦争後賛美歌に歌詞をつける形で西洋音楽が受容され，唱歌（チャンガ）が朝鮮において民族意識を高める機能を果たしたことを考察する。次に，「日本に押収された唱歌（チャンガ）教科書」「聞き取り調査結果」を資料として，修身，国語，日本的唱歌により抑圧される中での，人々の行動のあり方を考察する。また，この時期の「愛国歌」が上海の大韓民国臨時政府により国歌として採用され，現在の大韓民国の国歌となったことを理解する。

『蛍の光』第4番の歌詞の変遷，2014年12月26日「琉球新報」コラムなどを資料として，国民国家の周辺部に生活する人々が唱歌によって受けた影響

を考察する。唱歌により自ら生活する土地が周辺であることを意識させられ，国防のために同化が進められたことやそれが現在に続く問題であることを理解する。また，領土拡大に伴い周辺部は移動し，新たに同化される地域にも唱歌が機能していくことに気づかせる。追究した結果を共有し，「皆で歌う」行為が統合を進めたり，分化をもたらしたりしてきたことを理解する。

終結

　これまでの学習を振り返り，「自分はなぜ校歌を歌うのだろうか」という問いに対する考察の結果を表現する。現在では過去の校歌が有していた意味や意義も変容し，同じ文脈では語れないことを踏まえつつ，校歌の存在を肯定的に捉えることもまた否定的に捉えることもできよう。考察を通して改めてほぼ全ての学校に校歌が存在する意味や意義を判断できるようにしたい。

⑸　**授業資料**

　本単元で使用する資料として，以下のものが想定できる。自作資料と一部のみ掲載する。

---

①自校の校歌の歌詞　　②「ラ・マルセイエーズ」の歌詞

③「出発の歌」の歌詞　　④「小学唱歌集　緒言」

⑤「明治24年文部省令第４号」

⑥韓国歴史教科書（韓哲昊，金仁基，趙王鎬，金基承著／三橋広夫訳『韓国近現代の歴史』明石書店，2009年）

⑦「日本に押収された唱歌（チャンガ）教科書」「聞き取り調査結果」

⑧1881年の「蛍」・1908年の「蛍の光」歌詞

⑨2014年12月26日「琉球新報」コラム

資料⑥　『韓国近現代の歴史』（一部）

　プロテスタント系統の教会や学校がたくさん建てられ，賛美歌が歌われ，西洋式楽曲に韓国語の歌詞をつけて歌う唱歌が広く流行した。さまざまな種類の愛国歌や独立歌，勧学歌などが愛唱された（中略）単純に楽しむ歌

ではなく，民族意識を鼓吹し（後略）　　　（三橋広夫訳，2009年　より）

資料⑦　「教育体験者への聞き取り調査結果」（一部）

Q：植民地時代の朝鮮のどんな童謡を歌いましたか？

A：「バンダル（半月）」「鳳仙花」など〔日本統治下の一時期は禁止曲〕

【背景】日本語常用として朝鮮語の歌を歌うことは禁止されていた。

（高仁淑，2004年　より作成）

⑹　評価のポイントと方法

　授業中に取り組むワークシートの記述内容を評価する。ここでは，思考力，判断力，表現力等を主として評価することとし，学校で校歌斉唱をすることについて，現在と過去では社会，文化状況は変容していること，校歌の概念も変化していることを踏まえつつ，それを斉唱することの意味や意義について具体的に表現できていることを評価規準とする。

（三原　慎吾）

参考資料

・伊藤公雄他『唱歌の社会史 なつかしさとあやうさと』メディアイランド，2018年
・高仁淑『近代朝鮮の唱歌教育』九州大学出版会，2004年
・山東功『唱歌と国語 明治近代化の装置』講談社，2008年
・安田敏朗『「国語」の近代史 帝国日本と国語学者たち』中央公論新社，2006年
・渡辺裕『歌う国民 唱歌，校歌，うたごえ』中央公論新社，2010年
・韓哲昊，金仁基，趙王稿，金基承著／三橋広夫訳『韓国近現代の歴史』明石書店，2009年

4 「国際秩序の変化や大衆化と私たち」の教材と授業モデル

1 国際秩序の変化や大衆化への問い
―― 資料を読み取り，時代の変化に気づく

> **Point** ★ 授業のポイント
>
> ・資料の読み取りを中心に，国際秩序の変化や先進国における大衆化への興味・関心を高め，自ら問いを出せるように工夫する。
> ・中学校で学んだ知識を活用できるよう，発言しやすいグループを編成して学習させるとよい。
> ・国際秩序の変化と先進国の大衆化との関連に気づくことができるよう，生徒の問いの表現を方向付けたい。

1│「国際秩序の変化や大衆化への問い」の扱い方・教え方│

(1)この単元は「国際秩序の変化」と「大衆化」が融合してできている。まず，19世紀後半から帝国主義的行動によって植民地を拡大するイギリス，フランス，ドイツといったヨーロッパ列強の力による外交（旧外交）が，第一次世界大戦を経てその支配力を動揺させていく時代である。代わって，アメリカ合衆国やソヴィエト連邦が台頭し，「自由主義」や「社会主義」という理念によって国際秩序を形成しようとする（新外交），二つの外交政策が拮抗している時代でもある。また，列強の植民地や従属地域が二度の世界大戦に参加したり巻き込まれたりする中で民族意識を高め，自治の獲

得や独立への動きを活発化させた時期である。そして，この二つの動きを推進したのが，先進国の「大衆」であり，植民地・従属地域の「民衆」である。

⑵欧米や日本では近代化の過程で「国民」形成のための教育が進展し，名望家の支配する近代から大衆の意向が政治を左右する大衆化の時代に変化していく。政治家と大衆をつなぐマスメディアの影響力が増大し，政治家，マスメディア，大衆が「共振」して政治を動かしていく時代となっていく。また，植民地・従属地域においても，民族意識の形成や民族資本の成長にとって教育や情報伝達は重要な役割を占める。

⑶この時代の資料は多様である。新規に発掘したものだけでなく，中学校時代に学習した資料も組み合わせることで，生徒の学習への安心感や興味関心を高め，主体的で対話的な思考を深めることができる。

2 「国際秩序の変化や大衆化への問い」の 教材研究と授業化の方向性

　学習指導要領の解説には，この単元の学習のための資料例が挙がっており，授業傍用の副教材にも利用できる資料が多く掲載されている。

　この単元で具体的に活用可能な資料を，例えば，浜島書店の資料集『アカデミア世界史』『新詳日本史』『つながる歴史』（中学生用資料集）の３点（いずれも2019年）から選び，次頁以降の表１にまとめた。出典のないものはこれらの資料集に掲載されているものである。なお，作成に際しては，参考文献に挙げた君島和彦の発表資料を参考にした。

　これらの資料を複数取り上げ，生徒に読み取りを行わせ，グループで討論することにより，主体的で対話的な学習活動が組織できる。

第2章　世界と日本を融合する「歴史総合」授業モデル　99

表1　「国際秩序の変化や大衆化への問い」関連資料

理解項目	資料の特色	具体的な資料
国際関係の緊密化	二つの世界大戦における参戦国数や戦死者数の増大を示す資料	「主要参戦国の死傷者数」「国際戦争における戦死者数」
	国際会議の開催など活発な外交が行われたことを示す資料	「20世紀前半の主な国際会議一覧表」(著者作成)
	貿易・金融など国際経済が拡大したことを示す資料	「世界工業生産指数と貿易数量指数」[1]
	社会現象が国境を越えた形で広がっていくことを示す資料	「ロシア革命と世界恐慌の世界への伝播」(著者作成)
アメリカ合衆国とソヴィエト連邦の台頭	アメリカとソ連の台頭によって,西欧中心の世界から国際関係が多角化したことを示す資料	「債務国から債権国になったアメリカ」「イギリスとアメリカの海外投資額の推移」[2]
	国際的な組織や安全保障体制と米ソとの関係を示す資料	「国際連盟と国際連合の比較」
	国別のGDPの変化を示す資料	「主要国の世界工業生産に占めるシェア」[3]
植民地の独立	独立国数や植民地面積の変化を示す資料	「国際連合加盟国の推移」「世界史に占めるアジア・アフリカの独立国の割合」
	国際連盟や国際連合などの組織における植民地問題への対応に関する資料	「植民地問題への国際社会の対応」(筆者作成)
大衆の政治的・社会的地位の変化	参政権の拡大や政党の発展を示す資料	「有権者の割合の変化」「選挙のポスター」「女性参政権運動の写真」
	労働組合や女性団体などの組織の拡大を示す資料	「青鞜社の結成」「労働組合数と組織率」[4]
	デモ行進やストライキなどの拡大を示す資料	「労働争議数の推移」「大日本紡績の工女らのストライキ」「米騒動の広まり」
	国民の所得格差の縮小を示す資料	「大陸ヨーロッパと日本での所得格差1910〜2010年」[5]
	初等・中等・高等教育の拡大の様子を示す資料	「義務教育の就学率の変化」「中等・高等教育の就学率の変化」
	女子教育の普及の様子を示す資料	「職業婦人の出現」

	新聞・雑誌の発行部数の増大を示す資料	「新聞の発行部数」
	ラジオの生産台数の増加や当時の放送プログラム等の資料	「ラジオの台数」 「アナウンサーの写真」
生活様式の変化	大量生産技術や新素材の開発によって大量消費社会が生まれたことを示す資料	「T型フォードのラッシュ」
	産業構造の変化を背景に都市化が進んだことを示す資料	「産業別生産額の変化」 「大都市人口の趨勢（1920～1940年）」[6]
	ファッション・娯楽など生活スタイルの変化を示す資料	「ココ・シャネル」 「モダンガールの写真」
	上海・シンガポールなど国際都市の様子を示す資料	「上海租界の様子」
	移民の増加を示す資料	「移民を呼びかけるポスター」

(1)～(3)宮崎犀一『近代国際経済要覧』東京大学出版会，1981年／(4)有馬学『日本の近代4』中央公論新社，2013年／(5)トマ・ピケティ『21世紀の資本』みすず書房，2014年／(6)浜野潔 他『日本経済史1600-2000』慶應義塾大学出版会，2009年

3│「国際秩序の変化や大衆化への問い」の授業事例│

(1)　単元目標

　「国際秩序の変化」と「大衆化」に伴う生活や社会の変化に関する資料から情報を読み取ったりまとめたりする技能を身につけるとともに，資料を考察し，自ら問いを表現できるようにする。

(2)　単元指導計画

第1時：グループ学習で「国際秩序の変化」に関する複数の資料を読み解き，この時代に対する興味関心を高め，問いを表現できるようにする。

第2時：グループ学習で，複数の資料からこの資料に表現された社会や生活の変化を読み解き，その変化の要因を追究するとともに，この時代に対する興味関心を高め，問いを表現できるようにする。

⑶ **第1時の授業内容と展開**

①「国際秩序の変化」に関する複数の資料を掲載したワークシートを用いて，この時代を説明する上で重要だと思う資料を三つ選ばせる。

②4人程度のグループに分けてグループで話し合い，「時代の変化の特徴」をホワイトボードに記入させ，話し合いの結果を発表させる。

③各自で，本時の学習で興味を持ったこと，もっと知りたいことをワークシートに記録させる。

⑷ **第2時の授業内容と展開**

①写真やポスターなど社会や生活の様子を表現する複数の資料が掲載されたワークシートを用いて，各自で資料を選び，この時代の特徴を説明させる。次に，この時代をつくった要因（力）を考えさせる。

②グループで話し合い，「この時代を一言で表現する」とどう表現できるか，話し合い，結果をホワイトボードに書かせ，発表させる。

③各自で，前時に学んだ「国際秩序の変化」と本時の「大衆化」とはどのように関係していると思うか，ワークシートに書かせる。

④各自で，本時に読み解いた資料や討論で疑問に思ったこと，調べてみたいことを書かせる。

⑸ **授業資料**

　表1の資料を「国際関係の緊密化」「アメリカ合衆国とソヴィエト連邦の台頭」「植民地の独立」で1時間，「大衆の政治的・社会的地位の変化」「生活様式の変化」で1時間分とし，A3判で各1枚にまとめて配布する。A4判のワークシートも配布する（ワークシート例を一部 p.105 に掲載）。

⑹ **評価のポイントと方法**

①複数の資料を読み取り，相互に関連させて「国際秩序の変化」や「大衆化に伴う生活や社会の変化」を自らの考えとしてまとめられているか。

②諸資料に興味関心を持ち，疑問に思ったことや調べてみたいことを自らの
　問いの形で表現できているか。

4｜まとめ｜

　生徒に与える資料が多いと多様な意見が出るが，意見発表に終わり，議論
がかみ合いにくくなる。クラスでどの程度の議論を行うかのゴールを定めて，
資料の精選を行い，適切な量の資料を提示する必要がある。

　大衆化に関する写真・資料などは中学校の歴史学習で一度見たことのある
ものを入れることで，生徒は思考したり議論したりすることに入りやすい。
導入単元であることを踏まえると，第１時と第２時を逆にした方が生徒にと
って入りやすいかもしれない。

　生徒の出した「問い」をクラスで共有し，以後の授業で活用していくこと
で，この中単元の学習の意義が一層高まる。

参考資料

・木畑洋一『二〇世紀の歴史』岩波書店，2014年
・君島和彦「実現可能な『歴史総合』を考える　近代化・大衆化・グローバル化の検討」
　（第16回静岡歴史教育研究会発表資料　2018年12月15日）

「国際秩序の変化」に関するグループ発表の事例

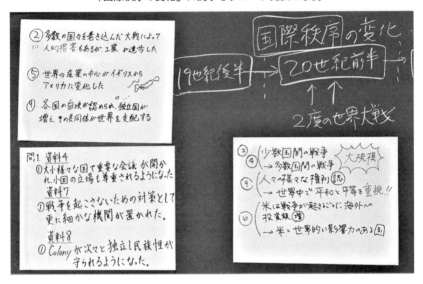

「大衆化」に関するグループ発表の事例

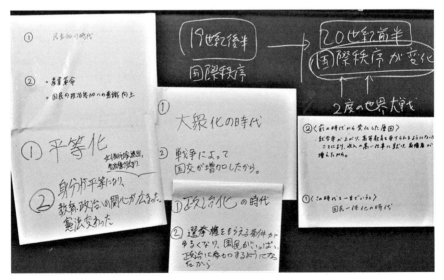

第2時の生徒のワークシート例

今日は、「20世紀前半の世界〔第一次世界大戦前から第二次世界大戦後1900頃〜1950頃〕」を大ざっぱに理解するための授業〔第2回〕をします。

問い1　あなたがこの時代を特徴付けると思う資料を3つ選び、この時代を簡潔に説明してください。また、そうした時代の特徴を生んだ〔変化をうながした〕「力〔要因〕」はなんだと思いますか。あるいはこの変化自体をなんといいますか。

・選択した資料（ ② ）（ ④ ）（ ⑦ ）、
・時代の特徴の説明
　国民全体の就学率が上昇し、女性の社会進出なども進んだ。体に伴い、メディアが活発になり、また、参政権の拡大などにも影響を与えた。
・変化を促す力〔要因〕
　教育と大衆の意識の変化

問い2　グループで話し合い、資料を使ってこの時代を簡潔に説明してください。また、そうした時代の特徴を生んだ〔変化をうながした〕「力〔要因〕」はなんですか。ホワイトボードに書いて、代表者は説明してください。

・時代の説明
　欧米化が進み、前時代的な封建社会から選挙権の拡大、女性の社会進出など、近現代社会の基礎が固まった。また、教育の普及に伴い大衆の意識に変化が生じ、メディアが活性化した。
・変化を促す力〔要因〕
　教育、列強の影響を受けた近代化

問い3　前回学んだ「国際秩序の変化」と、今日の学習は、どのように関連していますか。

国際化の波が将来の日本にも及び、近代化が進んだ。
　　　　　　　　　　　　　　権利の拡大
　　　　　　　　　　　　　　文化の大衆化

問い4　資料を見たり、グループで話し合ったりして、あなたが疑問に思ったこと、調べてみたいと思ったことを以下に書きなさい。

・政治の変化に世論が大きな影響を与えた例にはどのようなものがあるのか

（磯谷　正行）

第2章　世界と日本を融合する「歴史総合」授業モデル　105

2 第一次世界大戦と大衆社会
——総力戦が変えた社会

Point ★ 授業のポイント

・第一次世界大戦について，一つの国の視点からのみ捉えるのではなく，世界史的な視野に立って俯瞰できるような教材を収集し，戦争前後の国際秩序の変化を理解しつつ，戦後の国際協調体制の特色をつかむ。
・第一次世界大戦前後の社会の変化に注目し，経済的な成長をとげた国々で形成された大衆社会とは，どのような社会だったのか。その成立の背景と現象を理解し，現代社会との比較もできるようにする。

1│第一次世界大戦と大衆社会の扱い方・教え方│

既に中学校で学んだ第一次世界大戦に関する理解を深め，大衆社会という概念的な言葉についての具体的なイメージをつくる。

(1) 第一次世界大戦

第一次世界大戦がどのように起こり，どう展開したかについては，中学校で既に学んでいる。日本の参戦についても記述があり，被害の大きさについて生徒は認識している。その知識を活用しつつ，戦争時に各国が国民に向けて作成したポスターや女性の職場進出の写真などを使って，当時の人々がどんな状況下で生活していたのかを読み取らせ，発表し合うこともできよう。

戦線の拡大や長期化で，交戦国は兵員や戦費確保が厳しくなる。それを打開するための方法を生徒たちに質問してみたい。ポスターで戦債の購入を求めたり，植民地の人々に兵力を頼ったりしたこともあった。イギリスの植民

地だったインドでは，戦後の自治の拡大を期待して130万人もの兵士が戦場に赴いたといわれている。しかし，結局イギリスは約束を守らず，ガンディーによる非暴力・不服従運動が民衆運動として盛りあがったのである。その他にも，戦後すぐに中国や朝鮮の反帝国主義運動が広がったことに注目し，アジア各地の民族運動を比較しながら整理するのもいいだろう。

　現在のニュースで度々登場するパレスチナ問題についても，その背景には第一次世界大戦中のイギリスの秘密外交がある。戦争を有利に展開しようとした外交政策が，長く世界情勢に禍根を残すこととなり，未だに解決の糸口を見出せない状況が続いていることから，テーマ学習として生徒たちに調べさせ，どう関わり，どのような方策を取るべきかを考えさせたい。

(2)　大衆社会

　「大衆化」という言葉から何を連想するかを生徒に考えさせ，答えてもらったことがある。「聞いたことない」や，大衆食堂，大衆酒場などがあがり，なかなかイメージさせづらい概念用語なのだと考えた経験がある。中学校の歴史教科書を見ると，第一次世界大戦後の好景気の中で，都市化や教育の普及が進展して生じた新しい文化として大衆文化が示されている。また，それは労働者の地位向上や女性・被差別部落の人々の差別解消を求める社会運動が盛んな時代でもあった。

　しかし大衆化は，日本から起こったものではない。当時，世界経済をリードしたアメリカ合衆国で起こった現象であった。自動車や家電製品に見られる大量生産・大量消費される商品が，広告や分割払いなどを通じて人々の身近なものとなり，ラジオや映画なども普及した。生徒にとっては，野球などのプロスポーツの流行やシャネルのファッションの改革，ディズニー映画の誕生など興味関心の尽きないところである。それを利用したい。

　この時期に確立された生活スタイルは，現在も踏襲されているものがあるが，一方でアメリカでは社会が保守化し，排外主義的な風潮が広まった。出身国ごとに数を制限する移民法が制定されたり，黒人を差別する秘密結社の

第2章　世界と日本を融合する「歴史総合」授業モデル　107

KKK（クー＝クラックス＝クラン）が勢力を強めたりしたのである。ここから私たちが学ぶべきことはどんなことか，問いかけてみるのもいい。

2｜第一次世界大戦と大衆社会の教材研究と授業化の方向性

　近年は，デジタルアーカイブの普及により，教材を簡単に手に入れることが可能になった。著作権の問題がクリアできれば，ポスターや絵画などを積極的に利用したい。また，電子黒板などを活用し，地図を大きくしたり，小さくしたりしながら便利に活用することもできる。次にあげるポスターは，第一次世界大戦中に作成されたものである。このような絵を観察して，理解できることや疑問に思ったことを皆で意見を出し合うグループ学習をさせ，発表し合うと，こちらが想像もつかなかったことが表現され，興味深い。

　授業では，日本の出来事と世界で起こった出来事を比較したり，その関係性を探ったりすることを心がけながら進めていきたい。

第一次世界大戦当時の当時の陸軍募兵ポスター

〈おすすめデジタルアーカイブ〉
・WORLD DIGITAL LIBRALY
　（https://www.wdl.org/en/）
・europeana collections
　（https://www.europeana.eu/portal/en）
・東大文学部所蔵資料デジタル公開
　（第一次世界大戦期プロパガンダ・
　ポスター益田コレクション）
　（http://www.l.u-tokyo.ac.jp/digitalarchive/
　collection/poster.html）

3 |「第一次世界大戦と大衆社会」の授業事例 |

(1) 単元目標

　第一次世界大戦の展開について世界各地や日本の立場から考察し，戦後の国際協調体制がいかに進んでいったのかを理解する。また，大戦前後の社会の変化に着目し，各地で大衆の政治参加が進み，女性の地位が向上していった様子を概観する。さらに，現代にも通ずる大衆社会が形成された要因を探り，それがどう社会を変化させていったのかを考察し，表現できるようにする。

(2) 単元指導計画

第1時：第一次世界大戦の推移と日本の参戦の背景や影響を理解する。

第2時：ロシア革命の起こった背景を探り，世界に与えた影響を探る。

第3時：アジアを中心に，戦争前後のナショナリズムの動向を知る。

第4時：国際協調体制の内容を理解し，日本の国際的立場の変化を考える。

第5時：大正デモクラシーや政党政治を世界史的な観点から探る。

第6時：女性の地位向上について多角的に考える。

第7時：大衆社会は，どのように成立したのか。アメリカ合衆国の1920年代の様相を中心にひも解く。

第8時：マスメディアの発達が，人々の生活や意識をどのように変えたのか考える。

(3) 第1時の授業内容と展開

　サライェヴォ事件が一地域の局所戦争で終わらず，第一次世界大戦に拡大した当時の国際関係を概観する。新しい兵器が次々に開発され，約1000万人の死者を出し，長期戦となったことで，各国の国民生活が圧迫され，同盟国側も連合国側も総力戦体制を取らざるを得なかった状況を理解させる。また，日英同盟を理由に参戦した日本や，後から戦争に加わったアメリカ合衆国の

動きをたどり，その後の国際情勢にどのような影響を与えたかを考えさせる。

(4) 第2時の授業内容と展開

　中学校で学習した社会主義について確認しつつ，第一次世界大戦中に生活が厳しくなった民衆の不満が高まり，皇帝を退位に追い込んだロシア革命の推移を概観する。革命が目指したものを考え，それを世界がどのように受け止めたのかを調べさせ日本のシベリア出兵につなげる。革命を支持する勢力と支持しない勢力それぞれの立場を考察し，自らの意見を発表させる。

(5) 第3時の授業内容と展開

　第一次世界大戦中に欧米列強の勢力下にあった地域，ことにアジアの民族自決を求めた運動について理解させる。例えば，戦後の自治の拡大を期待して多大な戦争協力を行ったインドの例をあげる。東南アジアや西アジアの動きを加えることも可能である。さらに朝鮮や中国で起こった独立運動に対して，日本がどのような対応を取ったかについても確認させる。

(6) 第4時の授業内容と展開

　第一次世界大戦後の国際関係は，どのように変化したのかを考察するため，既習のヴェルサイユ体制やワシントン体制における各国の思惑を整理させる。国際連盟の成立にも触れつつ，平和維持のためのこの機関の限界を考察させる。また，国際的な軍縮条約や不戦条約が締結され，国際協調の方針が取られる中で日本の国際的な立場が変化していった理由について，前時までの内容と関連して考えさせる。

(7) 第5時の授業内容と展開

　大正デモクラシーを世界史的視野の中で理解させる。国際的な地位を徐々に確立し，列強の一員として大国意識が生まれた日本で，護憲運動が起こったり民本主義が人々に影響を与えたりする中で，民主主義的風潮が高まり政

党内閣が成立したことを確認する。これらは，帝国主義時代に経済的な成長を遂げた諸国が，教育や法整備などを通じて国民各層を国家の一員として自覚させるような政策を推進したこととも無関係ではない。第一次世界大戦中，戦争に協力した一人ひとりの社会的地位を高めることになったということも生徒たちに気づかせる。

(8) 第6時の授業内容と展開──具体的な実践事例

　総力戦となった第一次世界大戦において，多くの兵士が動員された結果，労働力不足に陥った国々で，女性が労働の担い手として社会進出するきっかけとなったことに気づかせる。その際，日本の女性解放運動にも触れながら，女性たちがどのような運動を繰り広げ，権利獲得を目指していったのか調べさせ，その道のりをたどる。さらに，その他の差別に対する運動を知り，現代に至るまでの権利の獲得の歴史についての理解を深めさせる。

　図版やグラフを活用しながら，次の①〜⑥のように授業を展開する。

①第一次世界大戦が，女性の地位をどのように変えたか，ポスターや統計資料を基にグループで考えをまとめて，発表する。

　　↓

②大正デモクラシー期の女性の様子を探る。

　　↓

③第二次世界大戦の時の女性を，当時のイロハかるたから考える。

　　↓

④女性参政権が認められた年の表中に，日本を入れるとしたらどこか。

　　↓

⑤現在の日本のジェンダー指数は，世界の中でどの程度か予想してみる。

　　↓

⑥社会の担い手としての女性は，どのように登場し，変化していったのか。また，今後どのようになるべきと考えるか。各生徒に自由にまとめさせる。

(9)　**第7時の授業内容と展開**

　「大衆」とされる人々とは，どのような人々か。政治的・経済的・社会的な変化の中で考えさせる。大衆化は，いつ，どのような歴史の中から生じてきたのか，教育の普及やマスコミの発達などの要素から考察する必要がある。1920年代のアメリカは，大戦中にヨーロッパ諸国に軍需物資や戦費を提供し，それまでの債務国から債権国へと変貌をとげたことを理解させる。自動車や電化製品などの大量生産・大量消費が空前の繁栄をほこるなかで，新しい生活様式が生まれ，野球やジャズのような娯楽が生じて，大衆文化が成立したことに気づかせる。日本でも義務教育が行きわたる中で，都市が発展し，学問や文芸に新しい潮流が生まれ，欧米風の生活習慣が取り入れられたことを衣食住の変化を示す「文化住宅」や「モダンガール（モガ）」の図版などから読み解き，大衆社会のイメージをつかめるように働きかける。

(10)　**第8時の授業内容と展開**

　大衆化に大きな役割を果たしたマスメディアの発達について考えさせる。例えば，日本の大正から明治にかけてのラジオ放送受信契約数の推移をあらわすグラフを提示し，その様子を概観するとともに，普及率の変化が社会の動きとどのように関係していたかを探らせる。さらに，新聞や雑誌，ラジオや映画などを通じて広く一般に普及した新しい大衆文化は，世論にどのような影響を与え，どのような功罪があったのかを探り，現在の情報社会の問題点とも比較しながら，その問題点について考察させる。

(11)　**授業資料**

　ここでは，第6時の授業で活用できる図版や表をあげる（なお，①〜⑥は(8)の①〜⑥と対応する）。

①第一次世界大戦中に作成された女性が描かれたポスター，男性兵士が戦場に行ったため労働力として働いた女性の工場労働者や運転士などの写真，及び下記の表を活用し，女性の社会的進出について考え，発表させる。

産業別女性就業者数の変化（ドイツ）
（1917年10月現在：1914年6月＝100）

	女性	男性	総計
製鉄・金属・機械	476.1	95.5	118.4
電機	480.5	84.0	145.1
化学	450.4	117.4	155.6
繊維	73.7	33.8	54.8
木材	117.9	51.7	61.6
食料品・嗜好品	101.6	52.8	75.3
被服	59.5	34.5	47.7
建築	279.3	56.1	62.3

出典）Oppenheimer/Radomiski, Die Probleme der Frauenarbeit in der Übergangswirtschaft, Berlin 1918, p.22.

女性就業者の推移（ドイツ）

年	月	女性	男性	総計
1914	6	100.0	100.0	100.0
1916	12	108.1	60.5	77.3
1917	10	116.1	60.9	80.7
1918	10	116.8	60.2	80.1

出典）Bajor, Die Hälfte der Fabrik, Marburg 1979, p.119.

女性就業者に関する表↑

②日本の大正期に，断髪，洋装で流行の先端とされたモダンガールの図版を例に，変化を探る。

③「決戦イロハかるた」から，この時代の女性の生き方を考える。グループで話し合い，発表させる。

『アサヒグラフ』1942年に掲載された「決戦イロハかるた」の例→

第2章 世界と日本を融合する「歴史総合」授業モデル　113

④右表は，世界各国で女性参政権が認められた年を示す。日本は，第一次世界大戦前（A），第一次世界大戦中（B），戦間期（C），第二次世界大戦直後（D），1940年代後半（E），その後（F）のどこに入るか，考えさせる。

年	国　　名	時代
1892	ニュージーランド	A
1917	ロシア（ソ連）	B
1918	イギリス，ドイツ	
1919	オーストラリア，オランダ	C
1920	アメリカ	
1934	トルコ	
1945	イタリア，インドネシア，フランス	D
1947	中国	E
1948	大韓民国	
1971	スイス	F

帝国書院『明解 世界史A』H29. 発行 p.165より

⑤『歴史を読み替えるジェンダーから見た世界史』にある日本の「？」の部分の順位を考えてみよう。→「101位」である。

ジェンダー不平等指数とジェンダー・ギャップ指数（2012年）

	HDI（人間開発指数）	GII（ジェンダー不平等指数）	GGI（ジェンダー・ギャップ指数）
1位	ノルウェー	オランダ	アイスランド
2位	オーストラリア	スウェーデン	フィンランド
3位	米国	スイス／デンマーク	スウェーデン
日本順位	10位／全187か国	21位／全148か国	？位／全135か国

GIIは，保健分野，エンパワーメント，労働市場の三つの側面からなる。一方，GGⅠは①給与，参加レベル，および専門職での雇用，②初等教育や高等・専門教育への就学，③寿命と男女比，④意思決定機関への参画により測定(三成美保，姫岡とし子，小浜正子編『歴史を読み替える ジェンダーから見た世界史』大月書店，2014年より)

⑥生徒たちのグループ学習でまとめさせる。ホワイトボードなどを活用し，それをクラス全員で共有する方法も考えられる。

⑿　評価のポイントと方法

　この単元では，第一次世界大戦が世界をどう変えたかという点を多面的・多角的に答えることができるかどうか，ということが評価のポイントである。

第一次世界大戦の展開や戦後の国際協調体制については，中学校までの学習が身についているかを確認する。その上で，日本とアジア，欧米とアジア，日本と欧米などの関係性を踏まえ，第一次世界大戦を契機として国際秩序がどう変化したのか，あるいは変化しなかったのかを生徒が表現できることが大切であろう。複数の生徒でグループを作り，一人ひとりが日本・アジア・ヨーロッパ・アメリカなどの異なる地域の立場に立ち，大戦後の理想の社会のあり方を話し合うことで現代的な諸課題とも向き合うことができる。例えば，現在の国際社会の大きな課題であるパレスチナ問題を考える上では，原因の一つである第一次世界大戦期の秘密外交への理解が必要であろう。現代の私たちにとっての身近な国際情勢と，この単元を結びつけるような意識を持つことができれば，大いに評価したい。

　大衆化に関しては，これに至った背景や現象について，具体的に表現できる思考力を生徒に求めたい。それで終わりではなく，現在や未来を展望し，大衆社会の脆弱性や今後の社会運動のあり方にまで意識を置くことができるかどうかが評価の一つとなる。この単元は，ポスターや数値データなどの資料も豊富なので，それを読み取り分析できる技能についても評価したい。

まとめ

- さまざまな国家や地域の立場から，第一次世界大戦を評価する。
- ポスターやカルタなど，当時の資料を活用し，課題を追究する。
- 大衆社会とはどのような社会か，という問いに答えられるようにする。

（廣川みどり）

参考資料

- 朝日新聞社編『アサヒグラフに見る昭和の世相　5』朝日新聞社，1975年
- 三成美保，姫岡とし子，小浜正子編『歴史を読み替える　ジェンダーから見た世界史』大月書店，2014年

❸ 経済危機と第二次世界大戦
——開戦，憲法，当時の国民の意思は？

Point ★ 授業のポイント

- 著名人だけでなく大衆を歴史の主役として意識できる。
- 証拠の検討に基づき原因と結果，時系列の推移について探究できる。
- 諸資料を検討し，当時の人々の見方・考え方を理解できる。
- 今日的課題と他者見解を参照し，歴史的な見方・考え方を表現できる。

1 |「経済危機と第二次世界大戦」の扱い方・教え方 |

　先の大戦の意義をどのように考えるべきか，日本国憲法の将来像をどのように考えるべきか，いずれも今日的議論として極めて重要であるように思える。本項で扱う内容は，今日的な議論と密接不可分である。歴史をどのように捉えるかということ，今日の課題をどのように解決したいと望むかということは，個々人にとって，意図的であるか否かにかかわらず，相互に強く影響すると考えるべきであろう。

　そのような内容を扱う際に，事実を客観的に教えることは可能であろうか。抽出される事実の選択や配列に今日的価値（意識）が反映されていると考えねばならない。歴史総合の目標は，「広い視野に立ち，グローバル化する国際社会に主体的に生きる平和で民主的な国家及び社会の有為な形成者に必要な公民としての資質・能力」を育成することにある。多様な価値を尊重し，他者との対話に資するよう能力育成をはかりたい。今日的課題への応用を意識しつつ，歴史の説明をその方法の妥当性とともに示せるようになることが重要ではないか。

表1は，本項に関わる新学習指導要領の規定の抜粋である。「国際秩序の変化や大衆化と私たち」の内容の一部であり，政治や国際関係と大衆との関係を意識できるように内容を扱いたい。また，「諸資料を活用し，課題を追究したり解決したりする活動を通して」指導する必要もある。

表1 「経済危機と第二次世界大戦」の内容（新学習指導要領，pp.58-59より）

	内容 C (3)(ア)	内容 C (3)(イ)
知識	世界恐慌，ファシズムの伸張，日本の対外政策，国際協調体制の動揺	第二次世界大戦の展開，国際連合と国際経済体制，冷戦の始まりとアジア諸国の動向，戦後改革と日本国憲法の制定，平和条約と日本の独立の回復
思考力・判断力・表現力等	経済危機の背景と影響，国際秩序や政治体制の変化などに着目して，主題を設定し，日本とその他の国や地域の動向を比較したり，相互に関連付けたりするなどして，各国の世界恐慌への対応の特徴，国際協調体制の動揺の要因などを多面的・多角的に考察し，表現すること	第二次世界大戦の推移と第二次世界大戦が大戦後の世界に与えた影響，第二次世界大戦後の国際秩序の形成が社会に及ぼした影響などに着目して，主題を設定し，日本とその他の国や地域の動向を比較したり，相互に関連付けたりするなどして，第二次世界大戦の性格と惨禍，第二次世界大戦下の社会状況や人々の生活，日本に対する占領政策と国際情勢との関係などを多面的・多角的に考察し，表現すること

第2章　世界と日本を融合する「歴史総合」授業モデル　117

2 │「経済危機と第二次世界大戦」の教材研究と
   授業化の方向性│

　本項で扱う内容は，今日的な課題や議論と授業での学習内容が近いだけに，
古い時代を扱う場合にくらべ，生徒に意見の提示を求めると，反応を得やす
いように思える。同時に，先入観やネットなどの社会的言説の影響を受け，
生徒の理解は，ある意味で頑なになりやすい。学習者自身の理解を示すのに
不都合な事象や証拠を等閑視する者も少なくない。

　歴史総合の「内容の取扱い」では，「近現代の歴史を多面的・多角的に考
察できるようにすること。また，過去の視点のみで一面的に現在を捉えたり，
現在の視点のみで一面的に過去を捉えたりすることがないよう留意する」こ
とや，「指導に当たっては，客観的かつ公正な資料に基づいて，事実の正確
な理解に導くとともに，多面的・多角的に考察し公正に判断する能力を育成
すること」を求めている。「主観的」の対義語を「客観的」とするならば，
学習者自身が重要視しない資料や根拠に注目する他者との対話を通じ，より
適切な理解を示せるようになるべきである。

　前掲，表1の前半の内容㋐について「第二次世界大戦までの日本と世界」
を，㋑について「戦後の占領政策と日本の再建」を仮の単元名とする。㋐に
ついては太平洋戦争の意義を主題に，㋑については日本国憲法の制定と受容
の評価を主題に，二つの小単元に分割して授業例を提案したい。

　内容㋐について，教材研究の基本文献としたいのは，加藤陽子著『それで
も，日本人は「戦争」を選んだ』（朝日出版社，2009年）である。当時の
人々の考え方に焦点をあて，中高生を対象に行った授業の記録であり，授業
で扱うべき資料を選択する際に，参考にできる。内容㋑については，古関彰
一著『日本国憲法の誕生』（岩波書店，2009年）を薦めたい。憲法制定時の
内外情勢について資料を参照し，丁寧に検証している。同書の扱う資料は，
国立国会図書館の電子展示会「日本国憲法の誕生」で確認し，教材化できる。

3 「経済危機と第二次世界大戦」の授業事例

(1) 単元目標

当時の人々の考え方を踏まえ，対英米開戦と憲法制定の要因を説明できる。

(2) 単元指導計画

小単元㋐「第二次世界大戦までの日本と世界」の指導計画

第1時：第二次大戦の戦火と歴史学習の目的

第2時：世界恐慌と国際関係の推移——その時日本国民は何を求めたか

第3時・第4時：

第二次世界大戦と太平洋戦争——なぜ対英米開戦を求めたか

小単元㋑「戦後の占領政策と日本の再建」の指導計画

第5時：戦後の占領政策と日本の再建——「押しつけ憲法論」は重要か

第6時：「押しつけ憲法」論と反論の根拠

第7時：占領政策と日本人の意思——別の説明は可能か

第8時：占領政策の転換と日本人の意思——新憲法を変更するべきだったか

(3) 第1時の授業内容と展開

　まず，320万にのぼる戦死者（その内訳）に関する教科書・資料集等の統計や，身近に残る戦災の爪痕の写真や記念碑などを紹介し（あるいは，紹介させ），多くの犠牲を払い，敗北した総力戦であったことを確認する。次いで，それ故に，大戦の意義の評価や総括自体が国民的議論となっていることを説明する。次に，生徒一人ひとりになぜ先の戦争について学ぶことが大切かを，ワークシートに記入してもらう。そして，記入した内容を交換し，戦争について学ぶ目的意識がさまざまであることを確認させたい。「失敗をくり返さない」「先人の尊い犠牲を無にしない」など，さまざまな歴史活用の目的が考えられる。過去に向ける視線の多様性が，過去への評価を多様にしていること，自身の理解の視点と他者の理解が異なるかもしれないことを意

識させたい。

⑷　第２時の授業内容と展開

　世界恐慌以降，日本が太平洋戦争を始めるまでの経緯を，1934年に陸軍省新聞班が作成したパンフレット「国防の本義と其強化の提唱」（陸パン）を読み解くことによって整理したい。写真は国立国会図書館デジタルコレクション（http://dl.ndl.go.jp/info:ndljp/pid/1455287）に掲載されている。軍部が世界恐慌後の困窮の原因をどのように見ていたか，困窮からの脱出策をどのように展望していたか等を，ワークシートを作成し，読み取らせたい。陸パンの文言はかたく，分量も多いので，授業者がワークシート上に，適宜，抜粋・現代語訳を提示するとよい。これらを整理すると，当時の軍人の論理で，世界恐慌，ファシズムの伸張，日本の対外政策，国際協調の動揺などに関する知識・理解を整理することができる。

　最も重要な問いは，この陸パンを軍が16万部も作成したのはなぜか，軍の政治介入だとの批判を招く可能性があったにもかかわらず，配布されたのはなぜかである。議論により軍と国民の関係を熟慮させたい。

⑸　第３時・第４時の授業内容と展開

　前時の教材，陸パンの末尾の付表にあるように，開戦前から，軍部が自国の戦力や国力を客観的に把握しようと努め，国民に周知していたことは明らかである。国力差があったにもかかわらず，なぜ対英米戦を求めたのかを，諸資料の考察から，総合的に導かせたい。グループ毎に資料を割り振り，どのような立場の人物の，どのような開戦にかける思いを読み取れるか，ワークシートに沿って分析・発表させ，ジグソー法によってまとめるとよい。

　扱うべき資料は，次の通りである。「帝国国策遂行要領」は1941年９月６日の御前会議で対米開戦準備を決定したものである。国立公文書館アジア歴史資料センターHP（https://www.jacar.go.jp）より，レファレンスコード検索（C12120185100）により，写真を入手できる。この資料からは，当時の

政府にとってのアジア進出の目的，「自衛」の意味を考察させたい。

　「御前会議発言記録」は，永野修身海軍軍令部総長による昭和天皇説得のための発言を用いる（加藤，前掲書，p.340）。天皇の意思決定に向け，軍部が説得に用いた論理と戦争への見通しを引き出したい。

　加藤の前掲書には，開戦当時の日記や手記などに現れる国民の爽快感，喝采が紹介されている。しかし，それらについては，資料作成者の立場に関する考察が難しいと思われる。代わりに，川島高峰著『流言・投書の太平洋戦争』（講談社，2004年）に引用される諸資料に求めたい。『特高月報』他より，取り締まりにあたる当局が，どのように世論の動向を見ていたのかを知ることができる。日中戦争の長期化にともなう不満の蓄積・吐露，日米開戦による爽快感・喝采，開戦後程なくして再び不満の蓄積・吐露に転じる様子を確認させ，国民が開戦をなぜ支持したのかを考察させたい。

　余裕があれば，開戦時に駐米中国大使であった胡適の「日本切腹中国介錯論」（1935年）（加藤，前掲書，pp.325-327）にも触れさせたい。

　これらに関する生徒の分析を総合して，最後は根拠に基づいて，なぜ当時の日本人が対英米開戦を求めたのかについて発表させ，意見交換をさせたい。単元をつらぬく問いは開戦の原因を問うものであるが，必然的に第二次世界大戦の諸相を総合し，意義に関する総括をともなうものとなるはずである。

⑹　第5時の授業内容と展開

　最初に，新聞記事を手がかりに，「押しつけ憲法論」と「押しつけ憲法論否定論」が今なお問題となっており，憲法改正をめぐる議論と不可分であることを理解させる。ワークシートを活用して記事の読み解きを行い，「押しつけ憲法論」の根拠と，これを否定する根拠，それらが改憲論争をめぐるどの立場と親和性が高いのかを整理する。その上で，日本国憲法制定について，「押しつけ論」への賛否が分かれるのはなぜか，憲法制定過程という歴史の活用目的を検討させる。筆者の場合は，『朝日新聞』の記事「教えて！憲法基本のき：7　憲法は押しつけられたの？」（2018年2月16日付）を用いた。

第2章　世界と日本を融合する「歴史総合」授業モデル　121

同種の記事は新聞各社の記事検索サイトで容易に見つけることができる。各社が社是を踏まえて歴史に言及していることも知らせたい。

(7) 第6時の授業内容と展開

　ラウエル「私的グループによる憲法改正草案（憲法研究会案）に対する所見」（1946年1月11日）と、「GHQ草案手交時の記録」（1946年2月13日）を、「押しつけ憲法論」とそれを否定する根拠として分析させる。資料は、いずれも国立国会図書館の電子展覧会「日本国憲法の誕生」（https://www.ndl.go.jp/constitution/）から、写真、テキストともに入手可能である。いずれも、「押しつけ憲法論」と、「押しつけ憲法論否定論」を代表する根拠として取り上げられやすいものである。同サイトから、この両論にまつわる別の資料も参照・教材化が可能であるが、GHQ、日本政府、民間憲法研究団体などの関係や意思を広く検討の視野に取り込み、なおかつ、新憲法制定に決定的な役割を果たしたと考えられる出来事を扱った資料を分析させるのがよい。いずれを扱うにせよ、論点は原文の和訳を交えて、古関（前掲書）により整理されている。それらを確認させる形でワークシートを作成し、当時の政府とGHQの関係や、「押しつけ憲法論」とそれを否定する根拠を吟味させたい。

(8) 第7時の授業内容と展開

　「枢密院における幣原首相の憲法草案説明要旨」（1946年3月20日）は、GHQ案の和訳と評価される日本政府の憲法改正要綱を枢密院への諮問なく公表したことについて、時の首相幣原が弁解したものである。前掲の国立国会図書館サイトから写真を入手できる。これをワークシートに沿って読み取り、改憲にあたった政府首脳陣の意思を国際関係の変化の中で読み解けるようにしたい。これは、「押しつけ憲法論」の是非を問う議論から、視点を転換する作業である。冷戦の開始と米ソの対立による極東委員会の始動の遅れという国際環境の中で、時の日本政府が何を意図して選択を行ったかを読み

取らせたい。政府首脳が天皇制の維持を最優先の課題と考え，GHQ 案を選択したとする第3の解釈の可能性を担保する時間としたい。

⑼　第8時の授業内容と展開

　前掲の国立国会図書館サイトには，「新憲法の再検討をめぐる極東委員会の動き」と題する3点の資料が公開されている。そのうち後者2点は，マッカーサーと吉田首相の往復書簡（1947年1月3日及び6日）であり，和訳は古関の前掲書（pp.362-365）にある。マッカーサーは，極東委員会の決定を受け，必要であれば施行されたばかりの新憲法の改正も含め，憲法を国会と日本国民の再検討に委ねる決定をした旨を知らせた。これに対する吉田の返信は，「内容を仔細に心に留めました」という短いものであった。日本に改憲の機会がおとずれたということであるが，当時の国際情勢の推移を考えながら，吉田がマッカーサーにどのような返信をすべきであったかについて，グループでディスカッションさせ，その結果をクラスで共有させる。新憲法成立後初の総選挙を間近に控えていたこと，冷戦下の緊張が高まりつつあったこと，選択肢としては，武装・非武装，西側（東側）陣営入り・中立（資本主義・社会主義）などさまざまな選択肢があり，世論もさまざまであったことを知らせ，当時の国民の視点で考えて，どのような判断をよしとするかを問いたい。

⑽　授業資料

　資料の読み取りを中心とするワークシートについては，資料作成者は誰か，資料が想定する受け手は誰か，どのような前後関係の中で作られた資料か，資料の主張とその論理はどのようなものか，資料から当時の人々の考え方についてどのような事柄が読み取れるのかなどを丁寧に整理できるものにしたい。正解や正解に近い読み取りを要求するものについては，必ずしも読み方について討議を促す構成をとる必要はない。正解のない問い，解釈の分かれる問いについては，積極的に討議を促すよう，ワークシートを工夫すべきで

第2章　世界と日本を融合する「歴史総合」授業モデル　123

ある。

　ワークシートの一例を示す。第8時を想定すれば，次のようなワークシートを準備するとよい。

資料1　ワークシートの例（第8時用）

第8時「占領政策の転換と日本人の意思——新憲法を変更するべきだったか」ワークシート

　1947年1月3日，GHQの総司令官マッカーサーは，首相吉田茂に，日本国憲法施行1〜2年後に，国民投票などにより，日本国憲法の改正を自由に行ってもいいという決定を連合国が行った旨を伝えた（写真等詳しくは別紙）。このメッセージについて，考えよう。

Q1：マッカーサーの吉田茂首相宛書簡は，極東委員会とマッカーサーが対立する中で書かれた。極東委員会の構成国は，アメリカ・イギリス・ソ連・中国・オランダ・オーストラリア・ニュージーランドなどで，社会主義の国や，対日報復感情の強い国が含まれた。極東委員会が憲法の制定のやり直しを命じたとすると，例えば新憲法で「象徴」とされた天皇の地位について，どのような変更を求めたと考えられるか。

Q2：1947年1月までに，「冷戦」に関連してどのような出来事が起こったか。

Q3：1947年1月は，戦争が終わって1年あまり，日本国憲法は既に公布され，吉田にとっては自らに対する信任を問う選挙を3ケ月後に控えていた。当時の日本にとっての最重要課題の一つは，占領軍に撤退してもらい，独立を回復することであった。そのために①再軍備をすべきかどうか，②冷戦がはじまった国際関係の中でどの陣営と組むべきか，中立を守るべきかなどを選択する必要があった。当時の政府首脳の立場に立てば，どのような選択が望ましかったと思うか。国民はどのような選択を支持したと思うか。

あなたの考え	あなたとちがう考え

⑾ 評価のポイントと方法

評価課題と評価の観点を事前に示し，小論文形式で評価する。小単元㋐であれば，「なぜ日本は英米と開戦するに到ったのかについて，論じなさい」，小単元㋑であれば，「マッカーサーの手紙に，吉田がどう返事をすればよかったのかについて，論じなさい」とする。評価は，次の表2のようなパフォーマンス評価で行う。国語的な表現力や論理構成を評価する項目を加えることも可能である。

表2　小論文の評価基準

●論じている時代について，事実的知識・理解を広く収集できている			
S　授業を超える	A　概ね授業を踏まえている	B　授業を部分的に踏まえている	C　知識の収集にさらに努力が必要
●資料分析を踏まえて，論じることができている			
S　広く適切に分析できる	A　広くまたは適切に分析できる	B　資料を根拠として利用できる	C　資料を根拠に用いていない
●論題に関し，授業等で示された他者の見解を踏まえて論じている			
S　持論と異なる見解を十分検討している	A　持論と異なる見解を踏まえている	B　持論に近い見解は参照している	C　持論だけを述べている
●論じている時代について，当時の人々の視点や考え方を考察できる			
S　十分できている	A　部分的にできている	B　努力している	C　考察していない

（虫本　隆一）

4 国際秩序の変化や大衆化と現代的な諸課題
　　── 歴史から学び，現代的な課題を展望する

> **Point ★ 授業のポイント**
>
> ・観点を枠組みとして，現代的な諸課題につながる主題を設定する。
> ・主題を基にした学習上の課題（問い）を設定して提示する。
> ・課題（問い）の追究を促す資料を提示する。
> ・提示した資料や既習内容に基づく考察を通し，現代的な諸課題の形成に関わる国際秩序の変化や大衆化の歴史を理解する。
> ・歴史の理解を基に，現代的な課題を展望する。

1 「国際秩序の変化や大衆化と現代的な諸課題」の扱い方・教え方

　中項目(4)の充当時間を2時間と考えれば，主題は一つないし二つとすることが現実的である。取り上げるべきは，「国際秩序の変化や大衆化の歴史に存在した課題」であり，かつ「現在においても対応が求められる課題として残存している」内容である。そして，学習内容の焦点化を図るために，五つの観点（自由・制限，平等・格差，開発・保全，統合・分化，対立・協調）などを考察の枠組みとして活用し，教師は具体的な主題を設定する。

　また，中項目(4)は，主にCの中項目(1)〜(3)の学習を踏まえて指導することが前提となっている。したがって，主題を学習上の課題（問い）として生徒に提示する際は，既習内容に該当する「推移や展開を考察するための課題」を省略し，「事象を比較し関連付けて考察するための課題」のみを設定することが妥当である。なお，この項目では，学習を通して生徒の「現代のみな

らず，将来においても引き続き直面することの予想される課題に対して向き合うことができる資質・能力を育成すること」が意図されている。単元を振り返る際には，この趣旨を踏まえ，あらためて現代的な課題と向き合い，過去とのつながりを確認しながら課題を展望させる場面を設けたい。

2 │「国際秩序の変化や大衆化と現代的な諸課題」の 教材研究と授業化の方向性│

　中項目(4)では，複数の要件に沿って歴史的事象の教材化を図る。1で述べた事柄以外にも，日本とその他の国や地域の双方に関わる歴史的事象であることが，主題を設定する際の要件となる。また，課題の追究には，活用可能な資料が欠かせない。なかなか手強い単元である。
　以下，参考までに，中項目(4)の授業化に向けた私案を記す。

【平等・格差】を観点とした場合	
主題	国家間の発言力の格差——新渡戸稲造とエスペラント
問い	なぜ，国際連盟でエスペラントの国際語化が話し合われたのか

　どの国も平等に発言できる共通語として，エスペラントの普及に尽力した新渡戸稲造の国際連盟における報告などを取り上げる。第一次世界大戦後の大国の覇権と国際秩序の変化との関係について考察し，表現する。

【開発・保全】を観点とした場合	
主題	大量破壊兵器の開発の正当性——「先制不使用」の方針の下で
問い	なぜ，列強は生物・化学兵器の開発を止められなかったのか

　1925年のジュネーヴ議定書で毒ガスや細菌等の戦時の使用は禁止されたが，日本など列強が自衛目的で生物・化学兵器を開発・保持したことなどを取り上げる。軍備拡張と国際秩序の変化との関係について考察し，表現する。

【統合・分化】を観点とした場合	
主題	スポーツとナショナリズム——日の丸抹消事件とは
問い	なぜ，日独伊の三国はオリンピックの開催に名乗りをあげたのか

　ナチスなどが，国威発揚や国民の一体化の手段としてオリンピックを考え

たこと，ベルリン五輪に日本代表として出場した朝鮮出身選手の活躍が，祖国の人々の民族意識を鼓舞したことなどを取り上げる。スポーツの政治利用と国際秩序の変化・大衆化との関係について考察し，表現する。

【対立・協調】を観点とした場合	
主題	大国の対立と安全保障理事会の機能——拒否権は妥協の産物？
問い	国際協調を目指す国際連合は，なぜ五大国に拒否権を与えたのか

　国際連盟下から国際連合発足までの，ソ連の国際社会への影響力と日本を含む諸国との関係，安全保障理事会に期待された役割と実情などを取り上げる。平和維持の模索と国際秩序の変化との関係について考察し，表現する。

3 「国際秩序の変化や大衆化と現代的な諸課題」の授業事例

　ここでは，「自由・制限」を観点とした具体の授業事例を紹介する。内容は，『高等学校学習指導要領解説』の例示に概ね基づいている。

⑴ 「自由・制限」を観点とした授業の概要 （1時間）

〈主題〉

　近代における参政権の制限——「大衆になる」とは

〈単元目標〉

・政治的主体としての国民の形成に関わる選挙権拡大の歴史を理解する。

・選挙権拡大の背景や原因，結果や影響などに着目して，日本とイギリスの動向を比較したり，相互に関連付けたりするなどして，参政権の制限について多面的・多角的に考察し表現する。

〈学習上の課題（問い）〉

　第一次世界大戦後に民主主義的風潮が広がりを見せる中，なぜ日本では，男性に普通選挙が認められる一方で，治安維持法が制定されたのだろうか。

〈資料〉

①原敬の普通選挙尚早論（『原敬日記』）

②加藤高明の普通選挙法案提案演説（『加藤高明』）

③治安維持法第1条，改正治安維持法第1条

④第二インターナショナルの帝国主義戦争批判（1915年）

⑤関東大震災と戒厳令（山崎今朝弥『地震・憲兵・火事・巡査』）

(2) 本時の授業内容と展開

　導入部では，イギリスにおける選挙権の拡大や，日本における普通選挙法の成立などを，中項目(2)における既習事項として確認する。

　展開部の前半では，1920年前後の国際秩序の変化と関連させて，イギリスと日本の選挙権の拡大を比較する。上記(1)の〈問い〉のままでは，意図するところが生徒に伝わりづらいため，次のように噛み砕いて問いかける。

> ・第一次世界大戦後，多くの国で国民の地位が向上し，一定の影響力をもつ存在（＝大衆）となった。
> ・為政者は大衆に選挙権を付与し，国家の政治的主体に位置付けた。
> ・しかし，イギリスと日本とでは「大衆」の範疇に違いが見られる。どのような違いか。また，その原因や背景として何が考えられるか。

　真っ先に女性参政権の有無を指摘する声が上がるだろう中，生徒には敢えて〈学習上の課題（問い）〉の後半部分（「なぜ日本では，……」）に着目させる。そして，資料（①〜③など）の読解と既習の知識の活用により，課題の焦点化を図る。

> ・普通選挙法の成立は，革命の安全弁としての役割をも担っていた。
> ・その一方で治安維持法を成立させ，社会主義思想の弾圧を図った。
> →当時の社会主義者（政党）への対応には，日英間で違いがある。

　ここからは，大衆の範疇に関する当時の日英の相違点と，両国を取り巻く歴史的状況について，資料④や⑤などを活用して考察させる。対話的な学びを取り入れて他者と意見を交えた後，個々に考察・構想した結果を記述させ，その記述内容を評価の対象とする（「(4)評価のポイント」参照）。

第2章　世界と日本を融合する「歴史総合」授業モデル　129

展開部の後半では，当時の日本の為政者が考えた大衆の定義について，資料②などを活用して追究する。大衆になるための要件，つまり当時の大衆が社会的信用に足るとされた根拠は何かについて議論させるとよい。その上で，当時の定義は現在にも適用できるかと投げかけ，終結部につなげたい。

　終結部では，個々に課題と向き合わせる。例えば次のように問いかけて，現在の政治的主体としての大衆のあり方を展望させることも考えられる。

「今日の日本で18歳に選挙権が与えられ，12歳に与えられないのはなぜか」

　単元目標から離れるが，展開部の後半で扱う大衆の定義（概念的な理解）や，終結部で扱う課題の展望を評価の対象としてもよいだろう。また，筆者自身は，評価とは別に，まもなく大衆（「公民」と言い換えてもよい）になるという自覚を授業で生徒に促すことができればとも考えている。

(3)　授業資料

資料④第二インターナショナルの帝国主義戦争批判（1915年）

> 　（前略）諸国の社会主義政党と労働者組織は，（国際社会主義大会が，プロレタリアートの歩むべきものとして指し示した）道に賛同しておきながら，そこから生じる義務を戦争の勃発いらい無視してきている。彼らの代表たちは，労働者たちに（中略）階級闘争の停止を求めた。（後略）
>
> （歴史学研究会編『世界史史料10 20世紀の世界Ⅰ』岩波書店，2006年）

資料⑤関東大震災と戒厳令『地震・憲兵・火事・巡査』

> 　（前略）自警団も出来れば義勇団も出来る，在郷軍人も青年団員も凶徒も暴徒も皆一斉に武器を執った。そこで朝鮮人の大虐殺となり，（中略）労働運動者，無政府主義者及び日本人の虐殺となった。（後略）
>
> （室野信男，直木孝次郎『新詳述日本史史料集』実教出版，2008年）

(4) 評価のポイント（記述の参考例として）

・第一次世界大戦後の日本では，イギリスと異なり，社会主義者（政党）を政治的主体である大衆から除外することを意図していた。治安維持法は，実質的に社会主義者の参政権を制限した。
・両国の違いの原因や背景には，直前まで反戦を唱えていた労働党以下，イギリスの社会主義者の多くが戦争協力の姿勢を示したこと，イギリスでは，社会主義者を支持する労働者階級の地位が，第一次世界大戦を通じて向上したこと，関東大震災後の日本国内に社会不安が蔓延したこと，日ソ国交樹立により社会主義思想の拡大が懸念されたことなどがある。

まとめ

・過去に学び，現在を展望することは歴史の醍醐味。教材開発には苦戦しそうだが，あきらめず，魅力ある主題探しに挑戦したい。

（杉浦　義之）

参考資料

・佐藤竜一『原敬と新渡戸稲造 戊辰戦争敗北をバネにした男たち』現代書館，2016年
・トマス・J・クローウェル著／藤原多伽夫訳『戦争と科学者 世界史を変えた25人の発明と生涯』原書房，2012年
・坂上康博『日本史リブレット58 スポーツと政治』山川出版社，2001年
・油井大三郎，古田元夫『世界の歴史28 第二次世界大戦から米ソ対立へ』中央公論新社，2010年
・村岡健次，川北稔編著『イギリス近代史［改訂版］ 宗教改革から現代まで』ミネルヴァ書房，1986年
・大岡聡「大衆社会の端緒的形成」大津透他編『岩波講座日本歴史第17巻 近現代3』岩波書店，2014年
・室野信男，直木孝次郎『新詳述日本史史料集』実教出版，2008年

5 「グローバル化と私たち」の教材と授業モデル

① グローバル化への問い

──世界経済の劇的な変化を「問い」にする

> **Point ★ 授業のポイント**
>
> ・「グローバル化」という「歴史の大きな変化」を人類の長い歴史の中で見つめ，その意義や影響について考える。

1 │「グローバル化への問い」の扱い方・教え方│

　歴史総合は，「歴史の大きな変化」に着目した単元を設定し，それぞれの単元ごとに「問い」をたて，資料を活用しながら「歴史の学び方」を学習する科目である。「歴史の大きな変化」の三つめが，「グローバル化」である。
　「グローバル化（グローバリゼーション）」とは，人と資本・商品や情報の移動が国や地域をこえて地球的規模で活発になり，あわせて政治・経済の権力作用の構造化（支配・従属などのシステム化）が起こることである。世界史上にはいくつかの「グローバル化」の画期がある。①13世紀にモンゴル帝国により陸と海の交易が統合され，ユーラシア規模での人・商品の移動が活発になった（初期グローバリゼーション）。②15〜16世紀の大航海時代の結果，ヨーロッパがアジアの交易に参入するとともに，ラテンアメリカを征服して「世界の一体化」が始まった（近世グローバリゼーション）。③18世紀後半の産業革命の結果，「パクス・ブリタニカ」と呼ばれるイギリス主導の

132

「世界の一体化」が進んだ（近代グローバリゼーション）。④19世紀末，帝国主義列強による世界分割と国際経済の一体化（金本位制の形成）により，世界は緊密に結びつき，その結果，二度の世界大戦が起こった。⑤第二次世界大戦の後，国際機関（IMFやGATTなど）によって国際経済が管理されるようになったため，人々の経済活動と通信がこれまで以上に国境をこえて世界規模で展開され，それにともない各国の政治も世界情勢から大きな影響を受けるようになった。⑥冷戦終結後の1990年代以降，アメリカの強い影響下に自由貿易圏が拡大し，多国籍企業の大規模な展開だけでなく，中国・インド等の新興国の経済成長と，その結果としての経済競争の激化が進んでいる。以上六つである。歴史総合の「グローバル化」とは，この⑤と⑥の段階（「現代グローバリゼーション」）である。国境をこえた人・資本・商品・情報の動きが以前の「グローバル化」よりも質的に異なる段階になり，これに対する反発として，自国の利益を第一に考えて自由な世界との交流を抑制しようとする動きが出てくる。こうした「現代グローバリゼーション」がもたらす諸課題に気づくような「問い」を授業の中で考えていきたい。

　ちなみに，上記の「グローバル化」の質的な違いを一目瞭然に示すために，例えば，オーストラリアと旧宗主国イギリスとの情報のやりとりにかかった時間を比較するとよい。19世紀のはじめに1年かかった（②の段階）ものが，19世紀半ばには蒸気船により半年になり（③の段階），そして19世紀末には電信網の発達により1日ですむようになり（④の段階），21世紀の今ではインターネットなどにより誰でも瞬時に通信ができる（⑥の段階）のである。

2 ｜「グローバル化への問い」の教材研究と授業化の方向性｜

　世界経済の劇的な変化がわかるようなグラフを複数用いることによって，「グローバル化」を経済的な観点から授業化できる。その際に，歴史総合で学んだ世界の近現代史全体の中に「グローバル化」の背景や特色を位置付けていくとともに，「グローバル化」が私たちにもたらした諸問題を考えられるような「問い」を設定することが大切である。

3 「グローバル化への問い」の授業事例

(1) 単元目標

　「グローバル化」に関する資料を読み解きながら，「グローバル化」に伴う生活や政治，経済の変容について考察し，「問い」を表現する。

(2) 単元指導計画

第1時：世界のエネルギー消費量の推移に係る資料を読み解きながら，第二次世界大戦後の劇的な世界経済の成長について学ぶ。

第2時：前時を受けて，戦後の世界経済の構造変化や，世界経済の成長が生み出した諸問題などについて学ぶ。

(3) 第1時の授業内容と展開

　グラフ・年表「人類とエネルギーとの関わり」（p.137資料1）を読み解いてみる。1987年の「技術人」である人間の一人当たりエネルギー消費量は23万kcal／日で，産業革命の頃の「産業人」と比較しても約3倍の消費量である。文明の誕生の頃の「初期農業人」と比べれば，約19倍のエネルギーを消費している。昔の一人当たりエネルギー消費量は推測なので，研究者によって数値がまちまちになるが，資料1とは異なる算出をしている月尾嘉男は，古代の王侯貴族の召使いの食事を2,500kcalとし，現代人の生活は，一人ひとりが約100人の召使いを抱えて生活しているようなものだという。

　また，1日あたりのエネルギー消費量を石油量に換算して歴史的な変化をみると，およそ1930〜1940年代以降に劇的に増加している。これは，グラフの下に示されている主要エネルギーの推移を見れば，石油の大量消費の時代になってからのことである。しかし，主要エネルギーの変化だけでなく，「20世紀の半ばから世界のエネルギー消費量が激増した政治的な理由・経済的な理由は何だろうか」というように，「問い」を大きく設定する。さらには「このエネルギー消費量の推移は，日本経済の歴史のどのようなところと一致し

ていると思われるか」と，日本を視野に入れた「問い」を投げかけてみる。

　次に，「問い」に対する答えを，中学までの既習知識を使って予想する。1940年代末から西側諸国を中心に戦後復興が進んだことや，IMFやGATTなどの国際機関が世界経済を安定させたことで世界貿易が発展したり，多国籍企業が成長したりしたこと，さらには産業の各分野で技術革新が次々と実現されたこと，そして日本を視野に入れれば，朝鮮特需を契機にした戦後復興から1960年代以降の高度経済成長が展開されたことが，挙げられよう。

　さらに，主要エネルギーである石油・天然ガスについて，「石油と天然ガスの埋蔵量分布」（p.137資料２）から，圧倒的に中東に偏在していることや，中南米やロシアにも一定量の埋蔵があることを読み取る。そして，石油・天然ガスの埋蔵量の多い地域において，第二次世界大戦後に起こった戦争を教科書の年表を使って書き出してみる。すると中東の戦争が圧倒的に多く，しかも紛争が拡大していることがわかる。そこから「なぜ世界経済の成長とともに，中東の紛争が拡大しているのか」「中東の紛争の拡大は，世界にどのような影響を与えているのか」という「問い」を立てることで，「グローバル化」の経済と政治をつなぐ大切な視点を持つことになるだろう。

⑷　第２時の授業内容と展開

　第１時で学んだ，エネルギー消費量の推移をめぐって，発展的にどのような「問い」が作れるのかを考えてみる。一つの「問い」を考えていくと，別の疑問点が浮かび上がり，それを考えていくとさらに別の疑問点が明らかになってくる。このような「連鎖する問い」が生まれる授業こそが，生徒が能動的に考える「主体的・対話的で深い学び」を実現するのだと思われる。

　例えば，「このエネルギー消費量には国・地域による偏りがあるのではないか」「その偏りはどう推移しているのか」「現代のエネルギー消費量の激増によってどのような問題が生まれているのか」「その問題の解決のために私たちはどのような観点を持つべきか」といった「問い」の連鎖である。こうした「問い」を考える際の追加資料をさらにいくつか示すことで，「グロー

第２章　世界と日本を融合する「歴史総合」授業モデル　135

バル化と私たち」の単元の導入の授業は充実する。

　追加資料の一例として，グラフ「主要国の粗鋼生産量の長期推移」（p.138資料３）を読み解きながら「なぜ中国やインドが2000年代以降，急成長しているのだろうか」という「問い」を設定し，上述した現代グローバリゼーションの冷戦終結後の展開の中で，新興国が経済発展を実現したことを予想することができる。すなわち，アメリカ主導の国際的な貿易自由化が進む中，中国は政治的には共産党独裁を続けつつ貿易を拡大することにより，飛躍的な経済成長を果たしてきた。さらに世界史の中で，その経済成長の背景を考えるならば，そもそも近世中国（明から清にかけて）の経済的発展があったことが，19〜20世紀の帝国主義列強の侵略や社会主義化による経済的混乱を経て，再び20世紀末の経済復興につながったのだと見ることもできる。

　次に，グラフ「主要国の実質GDP水準の推移」（p.138資料４）を参照しながら，資料３の内容が経済成長と一致していることを確認し，「資料３で読み取れなかったが，資料４で新たにわかることは何か」という「問い」を考えることで，資料読解の技能を磨くことができる。戦後世界の中で米ソ以外の国では，日本とドイツの経済成長が顕著であること，ソ連崩壊後に混乱したロシアが経済成長をしていることなどが読み取れるとよい。「なぜ，日本とドイツがいち早く経済成長を実現できたのか」という次の「問い」が生まれるだろう。さらには，「これまで読み取った資料の内容が，私たちの身近に影響を与えていることを挙げてみよう」という「問い」を立てることで，「グローバル化」の歴史がアクチュアルなものであることを実感する。

　また，グラフ「過去１万年間の二酸化炭素濃度の変化」（p.139資料５）を読み解き，「20世紀後半の地球上の二酸化炭素濃度の激増は，どのような問題を引き起こしているだろうか」「現代において二酸化炭素排出の抑制が進まないのは，どのような理由があるか」という「問い」を作ってみる。

　生徒自身が「問い」を設定することが望ましいが，基本となる「問い」を教師が設定して，生徒に「連鎖する問い」を立てさせることもできるだろう。また，「問い」の答えは単元全体の中で考えればよいだろう。

(5) **授業資料**

資料1　人類とエネルギーとの関わり

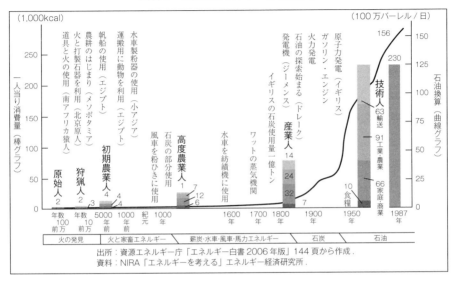

（出典：宮崎勇，田谷禎三『世界経済図説 第三版』）

資料2　石油と天然ガスの埋蔵量分布

石油埋蔵量分布（2009年末）		天然ガス埋蔵量分布（2009年末）	
確認埋蔵量： 13,331億バーレル	確認埋蔵量 のシェア	確認埋蔵量： 187.5兆m³	確認埋蔵量 のシェア
北米	4.6%	北米	4.6%
アメリカ	2.1	アメリカ	3.7
カナダ	2.5	中南米	4.6
中南米	15.8	ベネズエラ	3.0
ベネズエラ	12.9	欧州・ユーラシア	33.7
欧州・ユーラシア	10.3	ロシア	23.7
ロシア	5.6	トルクメニスタン	4.3
カザフスタン	3.0	中東	40.6
中東	56.6	イラン	15.8
サウジアラビア	19.8	カタール	13.5
イラン	10.3	サウジアラビア	4.2
イラク	8.6	アラブ首長国連邦	3.4
クウェート	7.6	アフリカ	7.9
アラブ首長国連邦	7.3	ナイジェリア	2.4
カタール	2.0	アルジェリア	2.4
アフリカ	9.6	アジア・太平洋	8.7
ナイジェリア	3.3	世界合計	100.0
リビア	2.8	旧ソ連	31.2
アジア・太平洋	3.2		
世界合計	100.0		
OPEC	77.2		

（出典：宮崎勇，田谷禎三『世界経済図説 第三版』）

資料３　主要国の粗鋼生産量の長期推移

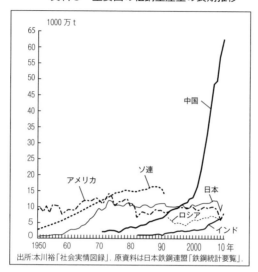

（出典：宮崎勇・田谷禎三『世界経済図説 第三版』）

資料４　主要国の実質GDP水準の推移

（出典：齋藤潤「第１次世界大戦後の100年間」日本経済センター）

注）2015年の時点での実質ＧＤＰの水準を上から並べると，アメリカ，中国，日本，ドイツ，ロシア，イギリス（フランスとほぼ同じ），イタリアとなる。

資料5　過去1万年間の二酸化炭素濃度の変化

![資料5のグラフ]

(出典：気象庁訳「IPCC第4次評価報告書第1作業部会報告書政策決定者向け要約」)

(6) 評価のポイントと方法

　資料から読み取る内容と立てた「問い」及び予想する「答え」を書き込むワークシートを生徒に配布して，回収した学習内容を評価する。学力の3観点に沿って評価を付け，生徒にフィードバックすればよい。

　まとめ

- 「グローバル化」による人類の生活の大きな変化に気づき，そのプロセスや背景，影響について「問い」を立てられるようにする。

(小川　幸司)

参考資料

- 拙著『世界史との対話（下）』地歴社，2012年
- 宮崎勇，田谷禎三著『世界経済図説 第三版』岩波書店，2012年
- 田近英一『地球環境46億年の大変動史』化学同人，2009年
- 齋藤潤「第1次世界大戦後の100年間：世界経済はどのように成長してきたか」
  (https://www.jcer.or.jp/j-column/column-saito/20181120.html) 日本経済センター
- 月尾嘉男『縮小文明の展望』東京大学出版会，2003年
- 山本真鳥編『オセアニア史』山川出版社，2000年

❷ 冷戦と世界経済
――史資料を批判的に読む練習

Point ★ 授業のポイント

・中学校とのつながりを意識した話題づくり。
・史資料を活用する技術を練習し，日本史探究や世界史探究につなげる。

1 ｜冷戦と世界経済の扱い方・教え方｜

(1) 歴史総合の固有性

　「冷戦と世界経済」は，冷戦を国際政治との関係で理解する項目と，冷戦下の国際経済を理解する項目から構成される。生徒は近代化・大衆化の単元を終えて，20世紀中葉までのそれなりの歴史的知識を踏まえていること，また，歴史総合の学習になれていることを想定し，ここでは，より史資料（以下，資料の表記で統一する）と向き合う形の授業案を提案したい。

　学習指導要領では複数資料を多角的に比較検討することが求められているが，そのような作業は近代化や大衆化の単元で十分に経験を積んでいると考えると，最終単元や探究科目につなげるために，ここでは史料批判のスキルをきちんと取り入れた形で授業を行いたい。史料批判というと難しいかもしれないが，ポイントは，自分と向き合う資料がどのような意図で作成され，その資料は全ての情報を網羅しているわけではないということを，きちんと理解するという手続きである。この作業をきちんと経験すると，多少メッセージ性の高い資料も，学びの素材として活用できるだろう[1]。

⑵ 中学校までの歴史学習との連続性

　次に，冷戦期について，生徒の既習事項を確認したい。中学校では「現代の日本と世界」という単元で，世界の多極化と同時期の日本の国内情勢を学んでいる。学習指導要領では，「日本の民主化と冷戦下の国際社会」「日本の経済の発展とグローバル化する世界」という形で，現行の学習指導要領よりも，より世界と結びつけた形で日本の歴史を理解しようとしている。しかし，取り扱う内容に大きな差異は見られないことから，現行の学習指導要領のように1960〜1970年代の国内情勢を概観する一方で，国際情勢を概観する形が想定され，国内情勢が国際情勢と密接に関係する形が示されにくいことが考えられる。つまり，引き続き生徒の頭の中には，「国内ではこんなことがあって，海外ではこんなことがあった」という二つの独立した年表ができあがっている，と想定される。

　p.146で示す授業例は，冷戦下の地域紛争（ベトナム戦争）を想定している。現行の中学校教科書では，「1960〜1970年代の世界」という，国内とは別の項目を立てて取り扱われ，写真を示しながら，沖縄の米軍基地から飛び立った飛行機により北爆が行われたことが示されている[2]。これらを踏まえ，歴史総合ではさらに東アジア諸国との関係の中で日本の立場が理解できるような資料を提示することで，冷戦構造の中で，日本とベトナム戦争を結びつけることができるだろう。

2 ｜ 冷戦と世界経済の教材研究と授業化の方向性 ｜

　アメリカのニクソン大統領が1972年に中華人民共和国を訪問したことは，ニクソンショックと呼ばれた。また，ニクソンは戦後経済の基礎となった金＝ドル本位制に終止符を打った大統領でもあり，これもニクソンショックと呼ばれている。二つのショックがなぜ起こったかを調べることで，この時代の特徴を捉えることができるのではないと考え，単元計画を練った。

　学習指導要領解説では，この単元では「冷戦下，世界の各国・各地域は東西対立や南北問題といった国際情勢にどのように対応したのだろうか」「第

第2章　世界と日本を融合する「歴史総合」授業モデル　141

二次世界大戦の反省を踏まえた自由貿易体制下で，日本や欧米の資本主義諸国はどのように経済成長を遂げたのか，また，そのことによる国際関係や国内社会の変化は，どのような新たな課題を生じさせたのだろうか」という二つの問いが示されている。この問いにしたがい，小単元をさらに政治・経済の二つの側面に分割しつつ，ニクソンという接着剤により，二つの分析結果を統合して小単元を貫く問いに答えられるような構造化を図った。その上で，4時間で一つのまとめを計画した。2単位授業だと4時間は2週間相当であり，授業のはじめと終わりが見える（＝記憶の範囲にある）という点でも，適切な時間配分だと思われる。

　中学校までの歴史学習との連続性の立場から，資料はなるべく手元にあるもの（資料集などに掲載されているもの，資料として入手しやすいもの）を再利用できるように心がけた。その際には，歴史総合の固有性の立場から，資料を評価するという前提で，多少バイアスのある資料もためらわずに採用した。

3 ｜「冷戦と世界経済」の授業事例｜

⑴　単元目標

　学習指導要領解説に則れば，この単元では「日本とその他の国や地域の動向を比較したり，相互に関連付けたりするなどして（中略）国際政治の変容（中略）世界経済の拡大と経済成長下の日本の社会を理解できるようにする」ことがねらいになっているが，この授業案では，資料を批判し，それを論拠に使うことを前提として，「どの程度の確かさで」という価値判断に関わる言葉を単元目標に加えた。これにより，単元の問いにつながりやすくなったと考えている。

> ・どの程度の確かさで，西欧（EC）や第三世界の台頭が，1970年代初頭のアメリカや日本の政治・経済に影響を及ぼしたといえるか，あるいはいえないかを，具体的な資料と共に示すことができる。

⑵　**単元指導計画（全8時間相当）**

第1時：単元の問いの提示，

　　　　1960年代の世界の諸地域（脱植民地化とアジア・アフリカ諸国）

第2時：ベトナム戦争や1960～1970年代に発生した地域紛争について

　　　　（冷戦下の地域紛争）【授業案提示】

第3時：ベトナム戦争とアメリカの反戦運動（先進国の政治の動向）

第4時：核をめぐる米ソの歩み寄り（軍備拡張や核兵器の管理）

　　　　第1時～第4時のまとめ

第5時：地域経済圏の出現（西ヨーロッパや東南アジアの地域連携）

第6時：第三世界の独立と経済的自立（計画経済とその波及）

第7時：1960～1970年代の日本と世界（日本の高度経済成長）

第8時：第5時～第7時のまとめ，単元の問いへの取り組み

⑶　**問いの構造化**

　学習指導要領解説に例示された問いは非常に大きい。そこで，多岐にわた
る資料を網羅し，一見ばらばらな質問を統合するために，事実関係を問う簡
単な問い（または資料から情報を抽出させるための問い）から，解釈や価値
評価を伴う複雑な問いまでを段階的に並べるという構造化を考えている。さ
らに，各時間の問いに順次答えることで，単元の問いに対して複数の視点か
らの答えを用意できるように心がけた。生徒が単元の問いに答えるために，
生徒自らさまざまな資料を再びつなぎ合わせることで，多面的・多角的な考
察が可能になるのではないだろうか。

　表1に本小単元の問いの一覧を示した。1時間ごとの問いに答えながら，
4時間（2週間）を一つのまとまりとして総括している。1時間ごとの問い
の下には，さらに具体的な問いが2～3問ほど潜んでおり，その問いに答え
ることで1時間ごとの問いに迫れるようにしている。

　この小単元の場合は第1時～第4時までは政治的なこと，第5時～第7時
までが経済的なことのまとめになっており，それぞれ世界的な動向と，世界

第2章　世界と日本を融合する「歴史総合」授業モデル　143

と日本の関係を理解する二つの問いに答える形になっている。単元の問いは，一見関係なさそうな事象について，関係性が確認できるような問い方にした。

　p.146では第2時をサンプルとして授業案を提示した。表の上部には，この単元を貫く問いを示した。これは単元の最初に，ルーブリックとともに生徒に提示されることを想定している。

表1　問いの構造化の一例

小単元の問い		
1970年代初頭は，米中国交正常化と金＝ドル交換停止という，ニクソン大統領による二つの衝撃的な出来事があった。ヨーロッパ諸国や第三世界の台頭は，1970年代初頭のアメリカや日本の政治・経済に影響を及ぼしたといえるか。具体的な資料を用いて答えなさい。		
	時間ごとの問い	まとめ
第1時	○インドシナ戦争を「脱植民地化」という言葉を使って説明しよう ●インドシナ戦争の関係国とその立場を図示しよう ●他の地域では脱植民地化がどのように行われたか，調べよう →脱植民地化の動きに日本はどう関係したのか確認しよう	○ベトナム戦争により，アメリカは立場を変えたといえるか，資料に基づいて示しなさい
第2時	○なぜ，アメリカはベトナム戦争の当事者になったのだろうか ●ベトナム戦争の事実関係を整理しよう ●資料を評価して読み解こう →他の地域紛争（例：中東戦争）にはどのような背景があるのだろうか	○ベトナム戦争は，同時期の日本にどの程度影響を及ぼしたといえるか，具体的に示しなさい
第3時	○アメリカではどのような動きがあったのだろうか ●アメリカの多様な反戦運動の主張を評価しよう ●戦争は政治に影響を与えたといえるか	

144

	→1960年代末の国際情勢の変化は日本にどのような影響を及ぼしたのか	
第4時	○ベトナム戦争は，SALT 1 締結にどの程度影響を及ぼしたか ●SALT 1 以前・以降の核兵器管理に関する国際合意をまとめよう ●米ソが対立したキューバ危機について調べよう →まとめの問いに答えよう	
第5時	○各地に生まれた地域経済圏は，何を目的としていたのか ●欧州戦後復興のプロセスをまとめよう ●ASEAN が目指したものは何か →サミットは，何を目的としていたのか	○第三世界や地域経済圏の成立，新興国の台頭は，アメリカの経済的覇権を脅かしたか ○日本の高度経済成長は，世界情勢からどの程度影響を受けていたといえるか
第6時	○開発独裁はその国の人々にとってどの程度よいか ●計画経済を受け入れたのはどのような国か ●アフリカ諸国と新植民地主義の関係を整理しよう →冷戦構造は第三世界の経済的発展にどの程度影響したのだろうか	
第7時	○高度経済成長の結果，日本はどの程度世界と結びついたか ●高度経済成長を促した世界の出来事とは何か ●経済成長の中で重視されてきた価値は何か →この単元の学習項目との関係性を見つけよう	

凡例　○……1時間ごとの問い
　　　●……1時間ごとの問いを補完する，小さな問い
　　　→……視点を展開する発展的な問い

第2章　世界と日本を融合する「歴史総合」授業モデル　145

⑷ 第2時の授業内容と展開

	学習内容・活動	指導上の注意
導入	問いの提示	
展開	①歴史的背景の確認 「ベトナム戦争の事実関係を整理しよう」 ②資料読解 「この資料の作成者は，どの立場からどのようにアメリカを評価しているか，整理してみよう」 ③発展的な取り組み 「他の地域紛争についても調べてみよう」	・ベトナム独立の背景や東南アジア全体の動きを理解しているか ・アメリカ介入の背景となる冷戦構造に気づかせる ・冷戦下の地域紛争が担った「熱い戦争」を理解したか ・③については，学習内容量やバランスを考えて，取り扱わないという選択もできる
まとめ	問いへの取り組み 　　解答の共有と方向性の確認	・解答の可能性や方向性の確認 ・事実誤認は適宜修正するものの，解釈については修正しない

⑸ 授業資料（第2時　プリント例）

　次に，授業プリントの例を示す（p.148）。1時間ごとの問いは冒頭に示し，この時間の目的が明確化するよう心がける。冒頭の問いに答えるためのQ1とQ2があるが，教科書と併用し利用することを想定しているため，プリントの資料だけでは答えることはできない。Q2は批判的に資料を読解する体験であるが，例示した資料はかなりバイアスがかかっている。だからこそ史料批判の必要が生じており，適宜補足や追加調査を行いながら使いたい。

⑹ 評価のポイントと方法

　資料を多用した場合は，観点を利用する前に，生徒がどれだけ資料を読み込んで考察したのかを測定する必要があると考えている。これらの理由から，以下のようなルーブリックを考えた。小単元の問いとともに，生徒に提示することが望ましいだろう。到達度のうち，Cは情報抽出ができるレベル，Bは情報の意味を考えられるレベルのうち軽度のもの，Aは共通性や連続性などについて時代背景を関連付けて熟考・評価できるレベルと解釈できる。全ての問いについてこの尺度をそのまま使うのではなく，問いの性質によっては，事実関係を抽出できたか／できなかったかの2択（CかD）に収まる場合もあることに注意したい。また，どの問いでも，自己表現を断念した場合を想定して，Dの尺度も用意している。

　今回提示した問いは，情報の抽出を促す問い（「知識・技能」），事実関係を整理した上で解釈や価値判断を伴う問い（「思考・判断・表現」）などから構成されているので，これらのルーブリックを使いながら，評価の観点につなげてゆくことが考えられる。

表2　ルーブリック例

	A	B	C	D
到達度	時代背景を関連付けて説明できる	共通の傾向を考えることができる	個々の事実関係の整理ができる	答えられない

資料1　第2時 プリント例

第2章　グローバル化と私たち　　　　　　　　　　　第2節　冷戦と世界経済
B　地域紛争

Q　なぜ，アメリカはベトナム戦争の当事者になったのだろうか

Q1　ベトナム戦争とはどのような戦争であったか，事実関係を整理しよう（年表や地図
　　のほか，「A　脱植民地化とアジア・アフリカ諸国」も参考にすること）。

年表

年	出来事
1945	ベトナム民主共和国独立宣言
1946	インドシナ戦争勃発
1954	インドシナ戦争終結・ジュネーヴ協定締結
1955	ベトナム共和国成立
1964	トンキン湾事件
1965	ベトナム戦争勃発・米による北爆
1968	パリ和平会談（～73和平協定調印）
1973	米軍撤退完了
1975	サイゴン陥落・ベトナム戦争終結宣言
1976	ベトナム社会主義共和国成立
1979	中越戦争

地図

インドシナ半島の地図（略）

Q2　下記の資料について①の項目を評価したうえで，①の事実から，この資料はどの程
　　度信頼出来て，我々に何を伝えているものか読み解きなさい。

①誰が，いつ，どこで作成した（記録された）資料か

［Ⅰ］南ベトナム解放民族戦線[1]網領（1960年12月20日）
　1954年7月のジュネーヴ会議において，フランス帝国主義はベトナムからの軍隊の撤退
を誓わざるをえず，会議に参加した各国はみな，ベトナムの主権，独立，統一と領土保全
を公認することを，おごそかに宣言した。……しかるに，……アメリカ帝国主義が，今度
はわが国を長期にわたって分断し，姿を変えた植民地体制によってわが国の南部を奴隷化
し，わが南部を東南アジア侵略の軍事基地にしようと企んだ。……南ベトナム解放民族戦
線は，政治傾向の区別なく，南ベトナムの人民諸階層，各階級，各民族，各党派，各団体，
各宗教，愛国人士をすべて団結させ，南ベトナムにおけるアメリカ帝国主義とアメリカの
傀儡集団の統治を打倒し，南部の独立，民主，民生改善，平和，中立を実現して，祖国の
平和的統一をめざし闘争することを方針とする[2]。

Q　なぜ，アメリカがベトナム戦争の当事者になったのか，根拠を示しながらあなたの 　考えを述べなさい

(1)南ベトナムの解放を計画したベトナム労働党によって設立された民族統一戦線
(2)歴史学研究会編『世界史史料11』岩波書店，2012年，pp.186-187

（荒井　雅子）

註

(1) GCSE 用のテキスト（GCSE History Complete Revision & Practice）を参考に，史料批判のためには以下のような問いかけが考えられる。「この史料は何か。なぜ，この史料は作成されたのか。誰が，いつ，どこで，この史料を作成したのか」これらの作業ができたら，次に「これらの事実から，この史料はどの程度信頼できるのか。この史料は我々に何を伝えているのか。他の資料と比較して齟齬はないか，あるとしたらなぜか」など，さらに踏み込むこともできる。

(2) 教育出版『中学校歴史』p.246 を参考にした。

参考資料

・油井大三郎『世界史リブレット125 ベトナム戦争に抗した人々』山川出版社，2017年
・秋田茂編『グローバル化の世界史』ミネルヴァ書房，2019年
・歴史学研究会編『世界史史料11』岩波書店，2012年

③ 世界秩序の変容と日本
―――「逆向き設計」論による授業デザイン

> **Point ★ 授業のポイント**
>
> ・「逆向き設計」で，学びのゴールから授業をデザインする。
> ・冷戦の終結を広い視野で考察することで，現代世界を深く理解する。

1 「世界秩序の変容と日本」の扱い方，歴史総合における位置付け

　本単元「D　グローバル化と私たち」の「(3)世界秩序の変容と日本」では，「市場経済の変容と課題」と「冷戦終結後の国際政治の変容と課題」について理解できるようにすることをねらいとしている。

　また，次の「(4)現代的な諸課題の形成と展望」では，生徒による「持続可能な社会の実現を視野に入れ，主題を設定し，諸資料を活用し探究する活動」が設定されていることから，この単元は歴史総合のまとめとして行われる生徒による「探究」へとつなげる役割をも有している。

　さらに，歴史総合では，大項目B〜Dの各(1)で生徒自身が「問いを表現」し，またB，C(4)では「自由・制限」「平等・格差」などの観点から主題を設定し，諸資料を活用して，追究したり解決したりする活動が設けられている。そのため，本単元では，ここまで経験してきた生徒の学びを考慮し，生徒が働かせてきた「見方・考え方」やそれにより培われた「資質・能力」が生かされるような学習活動も取り入れたい。

　このように，本単元を設計するにあたっては，単元内の学習内容だけでなく，歴史総合全体における位置付けをも視野に入れる必要がある。

2 |「逆向き設計」論の考え方による授業設計|

　筆者が授業設計をする際には，ウィギンズとマクタイが Understanding by Design（1998年）の中で提言した「逆向き設計」論[1]の考え方を用いている。「『逆向き設計』とは，①求められている教育の結果（教育目標）を決め，②その結果がもたらされたことを証明できる証拠（教育方法）を考える，その上で，③そのような証拠が生み出されるような学習経験や教授方法を考える，という理論である。教育によって最終的にもたらされるべき結果やその評価方法からさかのぼって授業を設計する点から『逆向き』と呼ばれている[2]」。

　一方，新しい学習指導要領の考え方では，「何ができるようになるか」「どのように学ぶか」「何を学ぶか」の3点から「社会に開かれた教育課程の実現」をはかることを提唱する。この中で教育の結果にあたるのが「何ができるようになるか」であり，歴史総合の授業を通じて，生徒が社会的事象の歴史的な見方・考え方を働かせることで育成される資質・能力にあたる。よって，本単元においても「何ができるようになるか」というゴールを明確に規定することから授業デザインが始まる。図1は筆者が作成した歴史教科における概念図である。

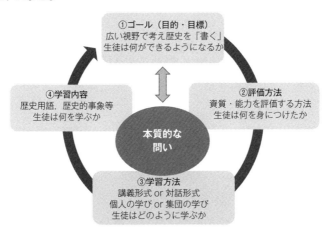

図1　「逆向き設計」論による授業デザインの概念図

3│ゴールを決める──生徒は何ができるようになるか│

　学習指導要領には，「知識（及び技能）」と「思考力，判断力，表現力等」の二つの側面から，生徒が身につける学力が明記されている。「知識」については「○○を理解すること」が求められているが，ここでの「理解」は膨大な用語の暗記ではなく，思考や判断，表現などをする上で必要のある知識であり，両者が一体となり，それぞれ一つの学習のまとまりを構成している。ウィギンズらは，理解という概念を①説明することができる②解釈することができる③応用することができる④パースペクティブを持つ（批判的に，複数の視点から全体像を見る）⑤共感することができる⑥自己認識を持つ（メタ認知的な自覚）の6側面で説明している[3]が，これは思考力，判断力，表現力等の要素も含めて，文科省の表現する「深い理解」と捉えることができるであろう。また，思考力等では，「表現する」と示され，生徒が理解したことや思考したことをアウトプットする学びの活動が求められている。

　そのため，本単元の内容や歴史総合における位置付けを踏まえて，「生徒は諸資料を活用して，冷戦終結の要因と冷戦後の世界の変容について理解し，冷戦の歴史的意義について論述する」をこの単元の学びのゴールとした。

　筆者は「考察し，表現する」という学習活動を，生徒自身が自分の歴史観を論述すること，すなわち，歴史を「書く」ことと捉えている[4]。「歴史」「History」という言葉の由来からもわかるように，歴史学とは，過去の出来事について調査・考察を繰り返して，自分の歴史認識を他者に伝えるために叙述することである。高校の歴史教育においても，生徒が歴史家のように史料（資料）を読み，考え，そして歴史観を書き表していく営みによって，資質・能力が育成されていくと考える[5]。教育学者の石井英真も，「真正の学習」の追求は「教科する do a subject」授業の創造であり，歴史上の真理を追究するような課題に生徒が授業の中で取り組むことを重視している[6]。生徒が「歴史（学）する」ような授業を展開するためにも，歴史を「書く」ことを生徒に求めている。

4│評価方法を考える──生徒は何を身につけたか│

　単元のゴールが単に用語を知っているというレベルを超えて，歴史的事象について資料から読み取り，考察したことを論述するというレベルまで求めているため，評価方法も単に知識の有無を問う一問一答形式とはならない。資料の使い方や歴史的事象に対する視野の幅，論述における表現力など質的な判断が求められるため，ルーブリックを用いることが有効である。

　表1は本単元を想定して作成したルーブリックである。学びのゴールに照らし合わせて，「どのように歴史を書くのか」を具体的に記述語で示している。また，各レベルに対応する典型的な論述をアンカー作品として添付したり，他の教員と基準・規準を合わせていくことで，教員間のビジョン共有にもつなげる。

表1　「世界秩序の変容と日本」のルーブリック例

基準	生徒の論述の特徴
A 多面的・多角的な視点から考察し，表現している	□さまざまな資料を効果的に用い，複数の点から論拠を示す □冷戦終結の決定的な要因となる歴史的事象について，終結との因果関係を明確に示し，歴史用語などを用いて具体的に説明している □冷戦の歴史的意義について，終結後の世界の変容までも踏まえて考察しており，時間的・空間的な視野の広さが表現されている
B 限定的な視点から考察し，表現している	□資料を用いて一つだけ論拠を示す □冷戦終結の決定的な要因となる歴史的事象について説明しているが，因果関係が不明瞭な部分があったり，具体性に欠けたりする □冷戦の意義について，限定的な見方ではあるが説明している
C 歴史的な見方・考え方に課題がある	□資料を読み取ることができておらず，根拠が示されていない □歴史的事象についての説明が不正確である □冷戦の意義について理解しておらず，冷戦前後の世界と関連付けることができない

第2章　世界と日本を融合する「歴史総合」授業モデル　153

5 | 発問を考える──生徒は何を考えるか |

　生徒が「社会的事象の歴史的な見方・考え方」を使って思考する場面を創り出すためには，授業における「発問」が重要であり，学習指導要領解説にも「問いの構造」や「課題（問い）の設定の例」が示されている。ウィギンズらも，「本質的な問い」を中心に授業を構成することを提唱している。「本質的な問い」とは，①私たちの人生を通して何度も起こる重要な問い②学問において中核となり探究する価値のある問い③学習者が重要な理解に到達するのを助ける問い④特定の，かつ多様な学習者を最もよく参加させるような問いである[7]。

　この本質的な問いについては，歴史教科全体に関わる包括的な問いから，単元における問い，各授業で扱うトピックごとの問いまでを連携させながら作成していく。また，「(1)グローバル化への問い」で生徒が表現した問いと関連付けたりして主題を設定することにもなっており，生徒の生の疑問を汲み取りながら，本質的な問いへと発展させたい。

　しかし，学びの価値を生み出すような発問をつくることは，決して容易ではない。そのため，筆者はこうした問いをつくる際には，大学の入試問題を参考にしている。いわゆる「良問」と呼ばれる問題は，歴史学で話題になっているような学問の中核を扱っていたり，歴史的事象の重要な部分を考察させるような内容が多い。次頁の表2は，本単元分野に関連する大学入試問題の一例である。

　こうした大学入試の「良問」は焦点化された問いが多いため，「歴史的な見方・考え方」を働かせやすい。例えば，表2の入試問題を見ると「石油危機の影響とその対応」といった事象相互のつながりに関わる視点や，「地域機構の共通点や相違点」といった諸事象の比較に関わる視点を働かせて論述させる発問になっていることに気づく。授業の導入部では，特に押さえてほしい点に絞った問いを生徒に取り組ませ，そこで得た知識から「では，21世紀には地域機構の役割はさらに拡大するのだろうか」「地域機構とは何か」

など，生徒の中から新たな疑問が生じ学びが続いていく「目標創出型」ゴールも意図したい[8]。学習科学を専門とする益川弘如は，生徒が「見方・考え方」を働かせたくなるような焦点化された「問い」が重要であり，問いは狭めてから広げていくことで「深い学び」につながる可能性があるとしている[9]。このように，学びのゴールや生徒の実態などを考慮しながら，発問をつくっていくことが授業設計の軸となる。

表2　「世界秩序の変容と日本」に関連する大学入試問題[10]

石油危機
1970年代の石油危機が先進工業諸国にもたらした影響と，それらの国々の対応について述べなさい。 （大阪大学2003年度）
地域統合
ともに1967年に発足したヨーロッパ共同体と東南アジア諸国連合は，地域機構として大きな成功をおさめた。両機構の歴史的役割について，その共通点と相違点を説明しなさい。 （一橋大学2015年度）
社会主義諸国の動揺と民主化
社会主義世界は，1980年代に経済面および政治面で大きな変革をせまられた。ソ連，東欧諸国，中国，ベトナムにおける当時の経済体制および政治体制の動向を，それらの国・地域の類似点と相違点に着目しつつ，説明しなさい。 （京都大学2007年度）
冷戦の歴史的意義
第二次世界大戦後の世界秩序を特徴づけた冷戦は，一般に1989年のマルタ会談やベルリンの壁の崩壊で終結したとされ，それが現代史の分岐点とされることが少なくない。だが，米ソ，欧州以外の地域を見れば，冷戦の終結は必ずしも世界史全体の転換点とは言えないことに気づかされる。米ソ「新冷戦」と呼ばれた時代に，1990年代以降につながる変化が，世界各地で生まれつつあったのである。以上のことを踏まえて，1970年代後半から1980年代にかけての，東アジア，中東，中米・南米の政治状況の変化について論じなさい。 （東京大学2016年度）

6｜学習方法を考える──生徒はどのように学ぶか｜

　本単元は全8時間を想定している。単元目標を踏まえて，冷戦終結と冷戦の歴史的意義についての論述をパフォーマンス課題として単元の最後に2時間設定することを想定した。すると，残りの内容については，6時間で遂行

第2章　世界と日本を融合する「歴史総合」授業モデル　155

しなければならないため，教員による講義で授業を構成し進度を確保した。ただし，単元末のパフォーマンス課題を見越して，毎時の授業で生徒が文字史料や統計資料などを読み取る学びを導入したり，一つの歴史的事象を空間軸・時間軸の視点から考察して論述したりする機会を導入した。

筆者は講義形式の授業を否定しない。従来の問題点は，教員による一方的な講義形式だけで授業が完結してしまうことにあった。それがパフォーマンス課題という知識や技能を活用する場が与えられることで，生徒は目的意識を持って授業に臨むことになり，講義形式の授業も活きてくると考える。ウィギンズの言葉によれば，「ここでの問いは『私は講義すべきか』ではない。問いは常に，『理解をゴールとしている場合，いつ講義すべきであり，いつ講義すべきでないかを私は知っているだろうか？』である」[11]。

パフォーマンス課題の2時間（50分×2コマ）の展開については，表3の通りである。さらに，グループごとの論述をプリントにして互いに紹介し合い，思考を共有することでより「深い学び」へとつなげることもできる。そして，「冷戦とは何であったか」という本質的な問いを再度投げかけてまとめとしたい。

表3　パフォーマンス課題の展開

①発問 （5分）	「冷戦終結の要因は何か」 「冷戦とは何であったか」
②ワークⅠ （20分）	冷戦終結の要因について考察・対話（個人・グループ）
③ワークⅡ （25分）	論述のための構想メモ（設計図）を作成（個人・グループ）
④ワークⅢ （25分）	論述（個人。ただしグループ内で相談してもよい）
⑤ワークⅣ （15分）	ルーブリックに基づき相互評価（グループ）
⑥ワークⅤ （10分）	相互評価の上で，加筆・修正を加える（個人）

7 ｜学習内容を考える──生徒は何を学ぶか｜

パフォーマンス課題は，授業で扱った知識や技能を総合して思考する場面を生み出す課題である。生徒にとって取り組む価値のある課題にするためには，学習の文脈の真正性を追求していくことが大切である[12]。この考え方を踏まえて考案したのが，次の課題である。

156

あなたは，2001年の国際連合の職員です。1989年のマルタ会談で米ソは冷戦終結を宣言しましたが，その後，世界は平和になったとはいえません。そこで，冷戦の認識について再検討が必要となりました。あなたの職務は，次の５つの歴史的事象[13]のうち，冷戦終結を導いたものとして最も重要なものを一つ選び，報告書を作成することです[14]。そして，これを踏まえて「冷戦とは何であったのか」について，あなたの考えを述べなさい。

　①キューバ危機／②ＥＣの成立／③ベトナム戦争
　④ゴルバチョフの改革／⑤その他（　　　　　　　　　　　　　　）

　イギリスの歴史家 E. J. ホブズボームは『20世紀の歴史　両極端の時代』[15]において1917年のロシア革命から1991年のソ連の崩壊までを「短い20世紀」と表現し，資本主義に対抗して登場した社会主義体制の興亡を20世紀の歴史と捉えた。この歴史観に従えば，米ソを中心に展開されてきた冷戦は20世紀の歴史の象徴であり，20世紀を資本主義と社会主義の二項対立で説明することができる。

　一方，木畑洋一は，帝国主義の時代が始まった1870年代に20世紀の起点を求め，アジアやアフリカ，南米諸国，東欧諸国などが欧米の帝国支配から脱却する時代としての「長い20世紀」を主張している[16]。これによれば，冷戦は帝国支配の解体における一側面であり，アジアやアフリカでの惨劇は脱植民地化の歴史的過程と理解できる。前述の東京大学の入試問題でも，「米ソ，欧州以外の地域を見れば，冷戦の終結は必ずしも世界史全体の転換点とは言えない」とリード文で示され，欧米中心史観から脱却した冷戦の意義について考察させる課題となっている。生徒は，歴史学でも論争になっているテーマについて，国連職員という立場で歴史的な見方・考え方を働かせて考察し，論述することで，広い視野で考える力を身につけていく。

　最後に，各時間の授業内容，つまり「生徒は何を学ぶか」について考える。

第2章　世界と日本を融合する「歴史総合」授業モデル　157

表4　「世界秩序の変容と日本」単元指導計画案

時	授業タイトル・発問	主な生徒の学び
1	石油危機 「なぜ，1973年に原油価格が高騰したのか」	◎パフォーマンス課題・ルーブリックの提示 生徒は，原油価格の推移を示す統計資料から，価格高騰の原因について考察する。
2	アジア諸地域の経済発展 「なぜ，日本企業はタイに進出したのか」	生徒は，日本企業が1970年代以降タイなどアジア諸国に進出した背景について，ASEANなどに関する諸資料から読み取り，考察する。
3	市場開放と経済の「自由化情報通信技術の発展」 「自由貿易は，世界を幸せにしたのか」	生徒は，多国籍企業の功罪から，経済のグローバル化について考察する。特に自由貿易について注目し，裕福な国と貧しい国の経済格差の原因を理解する。
4	冷戦の終結民主化の進展 「東ヨーロッパ諸国の民主化は成功したのか」	生徒は，冷戦終結前後の東ヨーロッパ諸国の動きについて年表に整理する。また，「民主化に成功した国」「民主化に難航した国」に分類し，その背景や原因について考察する。
5	地域統合の拡大と変容 「なぜ，イギリスはEU離脱を選択したのか」	生徒は，ASEAN加盟国の増加とEUの拡大について年表に整理する。また，EUの成果と現状から地域統合の課題について考察する。
6	地域紛争の拡散 「なぜ，冷戦終結後に地域紛争が多発したのか」	生徒は，冷戦終結後に世界各地で生じた紛争などについて地図上にまとめる。そして，紛争の原因について考察し，冷戦の性格を再度考察する。
7 8	冷戦の終結 「冷戦終結を導いた最も重要な事象は」 「冷戦とは何であったのか」	◎パフォーマンス課題 生徒は，国際連合の職員として冷戦終結を導いた歴史的事象として最も重要であると考えるものについて報告書を作成する。

　生徒がパフォーマンス課題に取り組む際に必要な知識や技能を，各授業の中で配置していく。表4は，本単元の8時間の指導計画案の概略である。

　「逆向き設計」で授業デザインをしていくことで，授業の目的を確認しながら，授業を実践することができるようになる。まずは，目の前の生徒の姿を観て，学びのゴールを設定することから始めたい。　　　　　（美那川　雄一）

註

⑴ G. ウィギンズ，J. マクタイ著，西岡加名恵訳『理解をもたらすカリキュラム設計「逆向き設計」の理論と方法』日本標準，2012年

⑵ 田中耕治，水原克敏，西岡加名恵『新しい時代の教育課程（改訂版）』有斐閣，2009年，p.186

⑶ G. ウィギンズ，J. マクタイ著，前掲書，pp.101-102

⑷ 現行の世界史Bにおける授業実践については，拙稿「高校世界史における「書く」ための授業デザイン「深い学び」を導くカリキュラム設計とパフォーマンス課題」『文化学年報』第66輯，2017年，pp. 1 -30

⑸ Nikki Mandell, Bobbie Malone, *Thinking like a historian : Rethinking history instruction*, Wisconsin Historical Society Press, 2007
原田智仁「コンピテンシー・ベース・カリキュラムのための歴史的リテラシーの指導と評価「歴史家のように思考する」フレームワークを手がかりにして」『兵庫教育大学研究紀要』第49巻，2016年，pp.109-118

⑹ 石井英真『今求められる学力と学びとは コンピテンシー・ベースのカリキュラムの光と影』日本標準，2015年，pp.39-41

⑺ G. ウィギンズ，J. マクタイ，前掲書，pp.131-132

⑻ 白水始「学びをめぐる理論的視座の転換」佐藤学，秋田喜代美他編『岩波講座 教育変革への展望5 学びとカリキュラム』岩波書店，2017年，pp.13-42

⑼ 益川弘如「「深い学び」の鍵となる教科の特質に応じた「見方・考え方」」『Career Guidance』Vol.420，リクルート，2017年，pp.10-11

⑽ 佐々木尊雪『大学入試 全レベル問題集世界史B ⑤国公立大レベル』旺文社，2018年，別冊 p.24／佐藤貢編著『東大の世界史27カ年 第6版』教学社，2018年，p.32

⑾ G. ウィギンズ，J. マクタイ，前掲書，p.289

⑿ 石井，前掲書，pp.40-41

⒀ 冷戦終結を導いた歴史的事象については複合的・連続的であるが，あえて原因を一つに決定させることで生徒に判断をさせる状況をつくりだした。①〜④の歴史的事象については，菅英輝編著『冷戦史の再検討 変容する秩序と冷戦の終焉』法政大学出版局，2010年，を参考にした。

⒁ 文部科学省『高等学校学習指導要領（平成30年告示）解説 地理歴史編』2019年，p.181に掲載されている問いに基づいた課題とした。

⒂ E. ホブズボーム著，大井由紀訳『20世紀の歴史 両極端の時代』上・下，筑摩書房，2018年

⒃ 木畑洋一『二〇世紀の歴史』岩波書店，2014年

4 現代的な諸課題の形成と展望
——学習の全体計画と教師の支援が重要

> **Point ★ 授業のポイント**
>
> ・生徒自身が主題・課題（問い）を設定する「探究する活動」を通して，科目のまとめとしてその学習の意義が認識できる全体計画が重要。
> ・探究する活動とはいえ一切を生徒任せにするのでなく，主題の設定や学習の意義の振り返りなど要所での教師の支援が重要。

1 │ 現代的な諸課題の形成と展望の「扱い方・教え方」│

　この項目は，それまでの「歴史総合」の学習を基に，生徒自身が主題・課題（問い）を設定し探究する活動を行う，科目のまとめの学習である。
　学習指導要領の本文には，次の記述がある。

---
(4)現代的な諸課題の形成と展望
　内容のＡ，Ｂ及びＣ並びにＤの(1)から(3)までの学習などを基に，持続可能な社会の実現を視野に入れ，主題を設定し，諸資料を活用し探究する活動を通して，次の事項を身に付けることができるよう指導する。

　続く項目アとイには，「現代的な諸課題を理解」してそれを「展望」することなど，この学習のねらいとなる事項が示されている。
　ここに記された探究する活動について，同解説は次のように記している。

探究する活動とは，生徒の発想や疑問を基に生徒自らが主題を設定し，これまでに習得した歴史の概念を用いたり，社会的事象の歴史的な見方・考え方を働かせたりして，諸資料を活用して主体的に多面的・多角的に考察，構想し，表現する活動である。また，生徒が充実した探究活動を行うためには，教師の支援が大切である。

　探究する活動の意味と，それを進める上で大切ないくつもの留意点がわかる。これに関連する解説中の他の記述も踏まえて，整理しておこう。

　それまでに「歴史総合」で学んだ内容や問い，五つの観点，歴史の概念や見方・考え方を踏まえ，生徒自身が主題や課題（問い）を設定し考察・構想して表現する活動を通して，現代的な諸課題を展望する学習を進める。

　その活動の充実のためには教師の支援が欠かせない。学習過程は大項目Ｂの(4)やＣの(4)で行った追究学習と共通のものだが，そのうち特に主題や課題（問い）の設定場面，資料の収集・整理や分析の場面，学習の振り返りの場面などで，「なぜそれを選んだのか」「それはあなた自身や社会にとってどのような意味をもつのか」など，学習の見通しやその成果の意義を生徒が自覚できるような問いかけを行うことが求められる。

2 ｜ 現代的な諸課題の形成と展望の教材研究と 授業化の方向性｜

　探究の活動では，最後の意見交流に向けて，学級内共通の主題を設定してもよい。追究活動を含むそれまでの学習を振り返って話し合うことで，学級全体の関心事項を共有することができる。その主題を踏まえて，生徒それぞれが課題（問い）を設定する。教師側の教材準備として大切なのは，生徒が探してくる可能性のある各種資料を，予め調べて把握しておくことだろう。

　主題の設定に際して留意すべきことを見ておこう。学習指導要領解説には次の記述がある。これを図で示してみると，下のようになる。

第2章　世界と日本を融合する「歴史総合」授業モデル　161

なお，主題の設定に当たっては，大項目Ｂ，Ｃ及びＤの(1)で生徒が表現した問いや，大項目Ｂ，Ｃ及びＤの(2)及び(3)の学習が進む中で見直した問いや新たに生まれてきた問いを振り返らせることが大切である。また，大項目Ｂ及びＣの(4)で取り上げている五つの観点から設定された主題についての学習の成果を生かしたり，それとは別の観点を設定したりすることも考えられる。

項目	Ｂ近代化	Ｃ国際秩序の変化や大衆化	Ｄグローバル化
(1)	生徒が表現した問い		
(2) (3)	学習が進む中で見直した問い 新たに生まれてきた問い		
(4)	設定した主題・学習成果 【五つの観点】 自由・制限，平等・格差，開発・保全，統合・分化，対立・協調		振り返らせる 生かす 別の観点を設定する 探究の活動

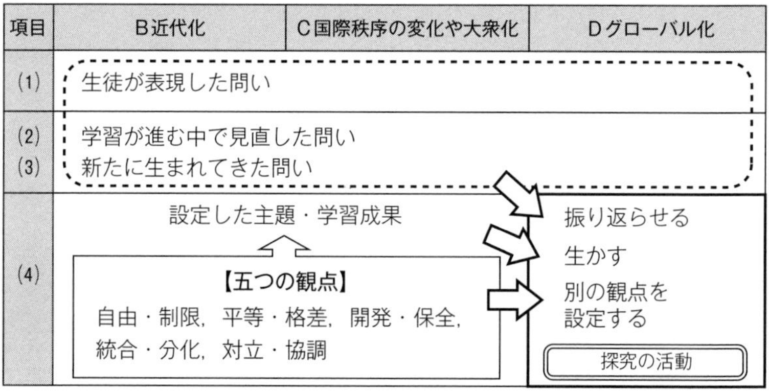

図１　探究する活動と「歴史総合」全体の学習

　「歴史総合」の一連の学習で，生徒は歴史をめぐる問いの表現やその追究活動に何度も取り組んできた。こうした学習経験で培われた力を広く生かすよう，このまとめの単元を計画する必要がある。逆に見れば，まとめの学習に必要な資質・能力が養われるよう，「歴史総合」全体の授業を設計することが求められるのである。なお，五つの観点はいずれも相反する二要素の対語で示されている。これを生かして，考察・構想が深まるよう，探究する活動では二項対立的な主題を設定することも考えられる。

3 │現代的な諸課題の形成と展望の授業事例│
──戦争や紛争を防ぐために大切なこと〜対立が続く現代世界の中で〜

⑴ 単元目標

　生徒自身が主題・課題（問い）を設定し探究する活動を通して，現代的な諸課題への理解を深め，それを展望するとともに，科目の学習全体が持つ意義を認識させる。

⑵ 単元指導計画

第1時：これまでの学習を振り返り，学んだことや追究したことの意義を踏まえて，探究したい主題・課題（問い）を生徒に設定させる。

第2時：探究のための観点や探究の活動の基本的な進め方を示し，生徒各自が設定した課題（問い）にふさわしい資料を探索させる。

第3時：各自の探究の成果を基にして，互いに意見の表明や交流を行う。

⑶ 第1時の授業内容と展開

　これまでの学習を振り返って，各自の主題・課題を設定させた。

　大項目Bでは日本など各国の近代国家としての形成や発展に着目し，その⑷では「統合・分化」の観点から日本の成長とアジア進出について考えた。大項目Cでは二度の世界大戦の経緯や戦禍に着目し，その⑷では「対立・協調」の観点から大戦の背景とその影響を考えた。

　こうした経緯を確認した上で，「これまでの学習を振り返って，どんな主題を探究したいか意見を出し合おう」と投げかけると，多くの生徒は戦争の原因やその防止に着目し，次のような問いを表現した。

・近代後半の約半世紀間，日本はなぜ連続して戦争に関わったのだろう。

・二度の世界大戦と地域的な戦争や紛争とは，原因が異なるのだろうか。

・世界各地で起こる戦争や紛争は，今後どうすれば防げるのだろうか。

　そこで，「日本はこの半世紀以上戦争に関わっていないが，現代の戦争や

第2章　世界と日本を融合する「歴史総合」授業モデル　163

紛争の防止に関する主題は，あなた自身や周囲の人々にとって関わりの深い有意義なものだろうか」「日本にも関わりが深いものだとしたら，戦争や紛争を防ぐために私たちは何を考えるべきだろうか」と問いかけた。こうして，生徒の眼は今も世界各地で続く戦争や紛争に向けられ，その背景にある覇権国家間の確執や，国際連合が担うべき役割などに関心が集まった。そこで，日本もそうした一翼に関わりがあることを意識して課題（問い）を設定するよう促した。その結果，次のような課題が設定された。

・戦争や紛争の解決や防止に，国際連合はどのように関わるべきか。
・大国間の対立を背景にもつ内戦に，周囲はどのように対処すべきか。
・東アジア地域の変化の中で，日米関係はどのようにあるべきか。

⑷　第２時の授業内容と展開

　探究のための代表的な活動過程を生徒たちに示し，学級全体で共有した。

①主題や課題（問い）の設定と，それ対する自分の予想（仮説）の想定
②資料の収集と整理，各資料の成立事情や作成意図に留意しながらの分析
③課題（問い）に関する考察，よりよい社会の構築に向けた自分の構想
④各自が探究した成果のグループ内の発表やクラス全体での意見交流
⑤学習の振り返りとその意義の確認

　③までの内容を，各自レポートに記述して提出するよう指示した。

　続いて，課題の探究に必要な資料を探索させた。教科書や副教材の他，学校内外の図書館等の資料やインターネット上の情報なども自在に調べて，探究を充実させるよう呼びかけた。

⑸　第３時の指導と展開

　「戦争や紛争を防ぐために大切なこと～対立が続く現代世界の中で～」をテーマとし，４～５名のグループに分かれて，レポートの内容を基に各自の意見を表明させた。続いてクラス全体で，教師の進行で互いの意見交流を行った。その際，次のような点で，生徒間の見解が二つに分かれるように設計

しながら進めた。

・国家間の紛争や一国内の内戦に，国際連合は軍隊の派遣も含めて深く関わるべきだろうか。

・中国の国力や朝鮮半島をめぐる情勢が変化をみせる中で，日本はアメリカ合衆国等とこれまで同様の関係を保持していくべきだろうか。

どちらの論題についても生徒たちの考えは分かれ，それぞれが資料などの根拠を示しながら自説を表明しようとしていた。最後に，「歴史総合」での一連の問いの表明や追究活動，学習した内容は，このような現代的な諸課題を考察し展望することに向かうものであったことなど，歴史の学習が持つ意義を確認・共有して授業を終えた。

⑹ 評価のポイントと方法

学習評価は，目標や指導に対応して行われることが基本原則である。

まとめの学習では，成果としての内容面の当否以上に，各自が設定した課題（問い）のもつ意義，資料の選定や解釈の仕方，表明した意見の論理性などに重きを置いて評価規準を設定するとよい。

本単元では，次のような観点で評価を試みた。

・生徒自身の関心に基づき，解決の可能性やそのための方法を見通して主題や課題（問い）を設定することができたか。

・出典や信頼性を確かめた上で必要な資料を選定し，恣意や独断の少ない妥当な解釈に基づいて情報を活用することができたか。

・根拠を踏まえた確かな情報に基づいて，飛躍や独善の少ない論理性をもって自分の考えを表明することができたか。

（中尾　敏朗）

あとがき

　米国スタンフォード大学のサム・ワインバーグ教授を中心とするグループは，史料読解型の歴史教育の指導と評価について検討し，インターネットを通じて成果を広く発信している。興味深いのは，評価に関するウェブサイトのタイトルが「バブルを超えて（Beyond the Bubble）」となっていることである。彼らによれば，テストのために暗記する人名，年号，事件等の知識は，あたかも風が吹けば飛ばされ儚く消える泡（バブル）に過ぎない。歴史の教師はそうした泡みたいなものの指導や評価から手を引き，歴史的な思考を重視すべきだというのである。そのための手立てが史料の読解に他ならない。(https://sheg.stanford.edu/history-assessments)

　バブルはいずれ弾ける。だとすれば，少々の風くらいでは弾けない能力をこそ育てるべきではなかろうか。そのために「歴史総合」があると編者は考えている。多忙を極める昨今の教師には，やるべきさまざまなことがあるだろうが，優先順位として授業づくりの上にくるものはないのではないか。その点で，バブル的な知識の教授や評価を超えた授業づくりについて考えることには大きな意味がある。「歴史総合」の新設は，まさに絶好のタイミングといってよい。今やステージは整った。あとは，役者である生徒を躍動させるための脚本，舞台装置，演出が必要になる。本書の2章はそれを扱っている。本来，一人が一貫した見通しの下で大項目ごとに単元を構成すべきであるが，本書では中項目ごとに執筆を分担した。その結果，内容に一貫性を欠く単元もあることをお断りしたい。あくまで，中項目ごとのケース・スタディと捉えていただければ幸いである。

　全体の構成はもとより，個々の論述にも不備がないとはいえない。読者の皆さんの忌憚のないご批判，ご意見をお寄せいただきたい。最後に，こうした機会を与えて下さった明治図書出版の及川誠さんに心からのお礼を申し上げる。

2019年11月　原田　智仁

【執筆者一覧】（執筆順）

原田　智仁　滋賀大学教育学部
二井　正浩　国立教育政策研究所
渡部　竜也　東京学芸大学
中本　和彦　龍谷大学法学部
宇都宮明子　島根大学教育学部
田尻　信壹　目白大学人間学部
服部　一秀　山梨大学大学院
土屋　武志　愛知教育大学
宮本　英征　玉川大学教育学部
谷口　康治　福井県立丹生高等学校
上田　　茂　千葉県立千葉西高等学校
三原　慎吾　㈱大学入試センター
磯谷　正行　愛知県立安城高等学校
廣川みどり　千葉県立袖ヶ浦高等学校
虫本　隆一　同志社香里中学校・高等学校
杉浦　義之　㈱大学入試センター
小川　幸司　長野県教育委員会事務局
荒井　雅子　立教新座中学校・高等学校
美那川雄一　静岡県立御殿場高等学校
中尾　敏朗　群馬大学教育学部

【編著者紹介】

原田　智仁（はらだ　ともひと）

1952年生まれ。滋賀大学教育学部特任教授。博士（教育学）。広島大学大学院を修了後，愛知県の公立高校の教員を経て1990年から2017年まで兵庫教育大学に勤務。その間，文科省の教科調査官を併任し，1999年版高校世界史の改訂に当たる。今回の教育課程改訂にも中教審の委員として参加。2018年4月より現職。歴史のカリキュラム論・授業論を中心に研究。

〔主著〕
『世界史教育内容開発研究　理論批判学習』（風間書房，2000年），『"世界を舞台"に歴史授業をつくる　嫌われても世界史はやめない！』（明治図書，2008年），『社会科教育のルネサンス　実践知を求めて』（保育出版社，2016年），『授業をもっと面白くする！中学校歴史の雑談ネタ40』（明治図書，2018年），『中学校新学習指導要領　社会の授業づくり』（明治図書，2018年）

高校社会「歴史総合」の授業を創る

2019年12月初版第1刷刊	©編著者	原　田　智　仁
2021年11月初版第4刷刊	発行者	藤　原　光　政
	発行所	明治図書出版株式会社

http://www.meijitosho.co.jp
（企画）及川　誠（校正）杉浦佐和子
〒114-0023　東京都北区滝野川7-46-1
振替00160-5-151318　電話03(5907)6703
ご注文窓口　電話03(5907)6668

＊検印省略　　　組版所　藤原印刷株式会社

本書の無断コピーは，著作権・出版権にふれます。ご注意ください。

Printed in Japan　　ISBN978-4-18-308210-7
もれなくクーポンがもらえる！読者アンケートはこちらから →